次世代エネルギー時代
を生き抜く
覇者のカーボン
ニュートラル
戦略

エネルギービジネスコンサルタント
平松 昌
MASARU HIRAMATSU

はじめに

日本では電力の小売全面自由化から8年が経過したが、その進捗、制度設計は道半ばであり、今後も変化していくことが想定されている。一方で、地球温暖化への対応は急務であり、世界の潮流に乗るためにも、日本におけるカーボンニュートラル（CN）推進に時間的な猶予はあまり残されていない。

そうした状況下、2024年度より第7次エネルギー基本計画の策定作業が開始されている。第6次エネルギー基本計画においても、再生可能エネルギー（以下、再エネ）拡大や関連する施策を含めてストレッチしていく必要があり、電源構成および電力供給のあり方・方向転換が求められている。

日本の再エネを構成する資源やテクノロジーは、海外に依存する状況が今後も続くことが想定されている。効率のよい電源構成や活用を実現できるよう、政策や制度の改革、電力サービスの開発・提供を行っていかなければならない。

電力の供給を受ける需要家側も、大手法人を皮切りに、中小企業、ひいては個人需要家に至るまで、カーボンニュートラルの流れに影響を受けざるを得ない状況にある。追随できない場合は、世界市場から日本企業が締め出され、国力の低下が免れない状況となる。こうした事態を回避するために、再エネ、分散電源の活用と需要の抑制等、電力の使い方で今後より一層の創意工夫が求められていく。

電力における調整力はますます重要になると同時に、その価値も上昇していくと想定される。電力同時市場の設計や、低圧リソース活用を含めた需給調整市場の拡大等、制度面とペロブスカイトや次世代の蓄電池テクノロジーの進化により、イノベーティブなサービスが展開可能な状況になっていくと考えられている。

電力小売事業については、分散電源の活用拡大によって自家消費が増加していくなか、競争優位性を保ちながら、レベニューを確保していく必要がある。また、需要家とWin-Winの関係性を構築し、電力供給サービスの事業を継続していくために、アグリゲーター事業の兼業といった再エネ等の分散リソース活用ビジネスを拡大していくことになる。

需要家も、カーボンニュートラル実現のために、再エネを含む新たな電力サービスの活用による、電力コストの最適化とCO_2削減の両立を能動的に取り組むべき時代に入る。

本書では、カーボンニュートラル時代における、電力に関わる全てのサービスや電力の使い方について、よりイノベーティブな観点で最適なものは何か、業界の常識に囚われないディスラプティブなサービスをどのように実現していくべきかについて、可能な限り仮説を立てて言及している。

既存の事業者はもちろん、今後新規参入する再エネ事業者を含めた新たなプレーヤーや電力サービスを展開する事業者のビジネス拡大、電力供給を受ける需要家の今後の電力活用に関して、少しでも参考になれば幸いである。

次世代エネルギー時代を生き抜く　覇者のカーボンニュートラル戦略　目次

第2章 カーボンニュートラル実現に向けたエネルギー政策

第3章 カーボンニュートラルレディの電力サービス

第4章 カーボンニュートラルを実現するイノベーティブな電力サービスとその活用

第1章 カーボンニュートラルの現状

本章では、カーボンニュートラルの世界的動向と日本の現状を概観し、日本の電力業界における課題について解説する。

1-1 COP28をはじめとした世界の動向

２０２３年11月から12月中旬にかけて、ＣＯＰ28が、ＵＡＥ・ドバイにて開催され、日本をはじめ１９８の国や機関が参加した。ＣＯＰ28とは、「第28回国連気候変動枠組条約締約国会議」のことであり、文字通り気候変動の問題を話し合う国際会議である。

本会議では、**パリ協定**[※1-1]の目的達成に向けた世界全体の進捗を評価するグローバル・ストックテイク（ＧＳＴ）に関する決定の他、気候変動の悪影響に伴う損失と損害（ロス＆ダメージ）に対応するための基金や、新たな資金措置の大枠等が採択された。

ＧＳＴに関する決定は、初めてのことであり、ある意味で画期的であるが、決定文書には下記の内容が明記された。

・１・５℃目標達成のための緊急的な行動の必要性
・２０２５年までの排出量のピークアウト
・全ガス・全セクターを対象とした排出削減
・各国で異なる道筋を考慮した分野別貢献

・再エネ発電容量3倍・省エネ改善率2倍の他、化石燃料、ゼロ・低排出技術（原子力、CCUS[※1-2]、低炭素水素等）、道路部門等における取り組み

GSTは、パリ協定の目標達成に向けた世界全体の進捗を評価する仕組みであり、パリ協定発効以降、初めて実施されるものである。今後、各国は5年毎に行われるGSTの結果を踏まえ、自国の温室効果ガスの排出削減目標（NDC[※1-3]）を更新していくことになる。

また、策定したNDCに向けた施策を実施し、パリ協定第13条で定められた「強化された透明性の枠組み」の義務として、2年毎に報告書を提出することになる。

※1-1　パリ協定
フランス・パリで2015年に開催された国連気候変動枠組条約締約国会議（COP21）で採択され、2016年11月4日に発効した国際的な枠組みであり、先進国・途上国が共通する目標として「世界の平均気温上昇を産業革命以前と比べて2℃より十分低く保ち、1・5℃に抑える努力をする」ことになった。

※1-2　CCUS（Carbon dioxide Capture, Utilization and Storage）
CO_2を回収・貯留し、有効活用する技術のことを指し、CO_2を燃料やプラスチックなどに変換する、地中や海底などに貯留する等々、さまざまな方法がある。2060年までのCO_2削減量の合計のうち14％をCCUSが担うことが期待されている。

※1-3　NDC（Nationally Determined Contribution）
パリ協定に基づいて各国が作成・通報・維持する温室効果ガスの排出削減目標。締約国は5年毎に、排出削減目標をNDCとして提出・更新する義務がある。

今回のCOP28では、1・5℃の目標を達成するために、2025年までにGHG[※1-4]排出をピークアウトさせ、2030年までに43%、2035年までに60%を排出削減する必要があることを確認し、強化策として次のような内容が盛り込まれている。

《2030年まで》

① 再エネ発電容量を世界全体で3倍
② 省エネ改善率を世界平均で2倍
③ 排出削減が講じられていない石炭火力のフェーズダウンに向けた取り組みを加速

《2050年まで》

① ネット・ゼロを達成するための、エネルギーシステムにおける化石燃料からの移行
② 再エネ、原子力、CCUSなどのCO_2除去技術、低炭素水素などを含むゼロ・低排出技術の加速
③ ゼロ・低排出自動車の導入、インフラ構築を含め、多様な道筋の下で道路交通の排出削減を加速

今回のGSTでは、パリ協定の目標とは隔たりがあることが明確になったため、各国がGSTの成果を活かして今後のNDCを策定し、いかに気候変動施策を実行していくかが注目されることになった。

さらに、COP28開催の翌年に開かれた、主要7カ国（G7）気候・エネルギー・環境相会合において、排出削減対策を採らない石炭火力発電を段階的に廃止し、再エネの拡大に欠かせない蓄電容量を、世界で2030年までに2022年比で6・5倍に増やすことで合意し、2024年4月30日付けで共同声明を取りまとめて閉幕した。

合意された石炭火力の廃止対象は、「排出削減対策を採らない石炭火力」となっている。日本においても、2035年までに活用の目処が明確になっていない技術、つまり、発電時に排出する CO_2 を回収して貯留することで排出を実質ゼロにする技術などの活用を具体策として想定している。G7各国としては、議論の末、各国の脱炭素のペースに応じて2045年以降についても一定の柔軟性を持たせる表現で決着したところである。

日本政府としては、2024年5月の大型連休明けから電源構成の議論に着手し、20

※1－4　GHG（Greenhouse Gas）
温室効果ガスのこと。太陽光の熱を蓄え、地表の温度を一定に保つ働きを持った気体。急激な地球温暖化が国際的に深刻な問題となっており、その原因は温室効果ガスであると言われている。

図1　COP28におけるGSTの位置付け

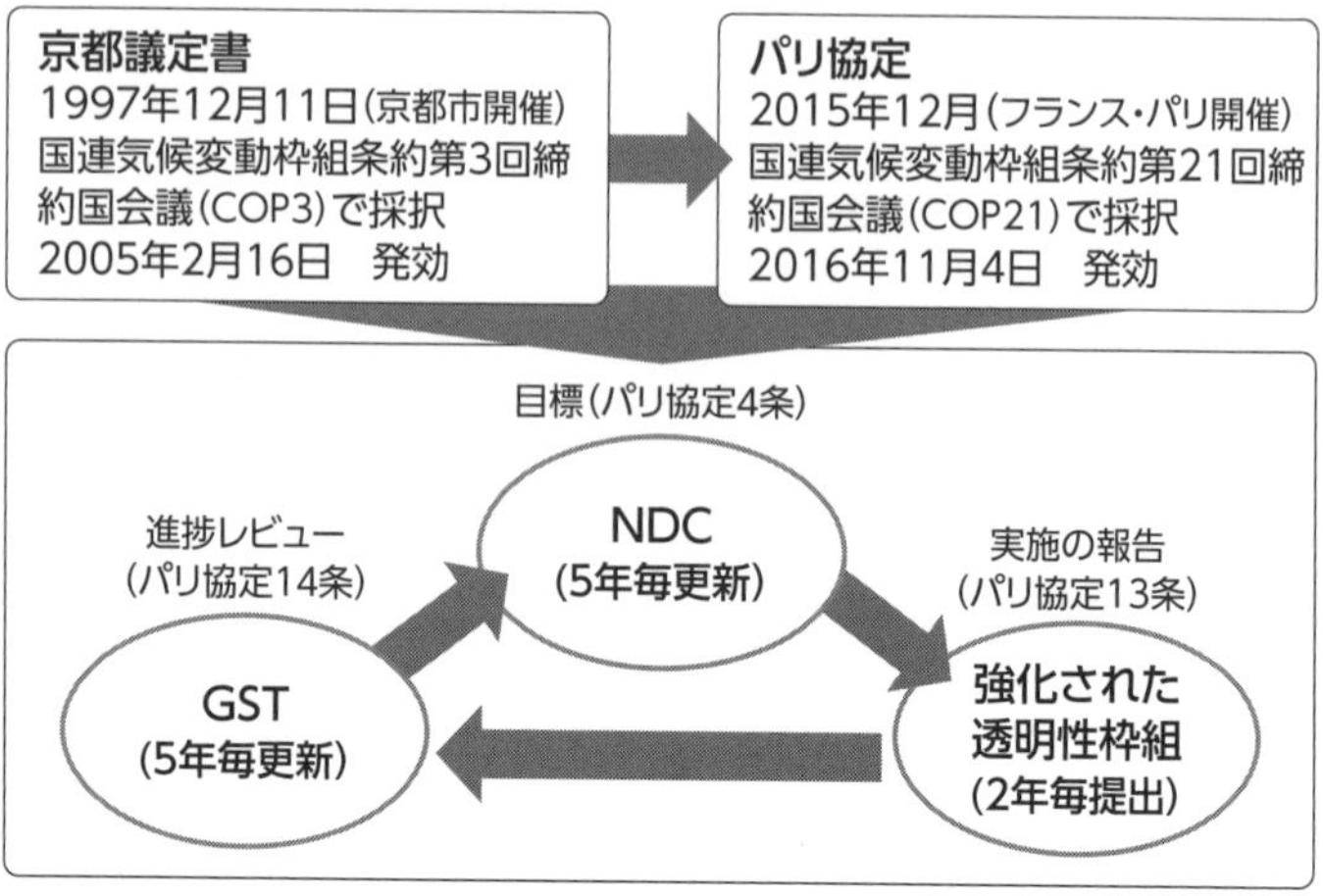

資源エネルギー庁　資料よりマージして作成

40年度までを見据えた次期**エネルギー基本計画**[※1-5]を、2024年度中に策定する方針である。

カーボンニュートラルの議論には、各国の主導権争いも見え隠れしており、この分野で影響力を持っている中国やインドの存在が大きくなってきている。中国は、2023年度に再エネの設備容量が全体の5割を超えており、初めて火力発電を上回る状況になっている。国内における太陽光は2024年3月末に前年比で55%、風力は同22%増えており、太陽光パネルの世界シェアで8割を超え、風力発電の分野では部品供給等で存在感を高めている。

G7における再エネ活用・化石燃料削減の議論の裏に、中国やインドとの脱炭素を巡る主導権争いへの意識があることは明白である。

２０２３年７月に、世界の平均気温が過去最高となる見通しを受け、グテーレス国連事務総長が会見で、“the era of global warming has ended”，“the era of global boiling has arrived”（地球温暖化の時代は終わった。地球沸騰化の時代がやってきた）という言葉を発信し、注目された。

カーボンニュートラルの議論は、各国の思惑や地政学リスクを抱えながらも加速しており、地球沸騰化という言葉通り、時間の猶予がなくなっている。

次項では、まず日本にも影響がある、世界における再エネの導入状況を見ていく。

※**1－5　エネルギー基本計画**
日本におけるエネルギーの需給に関する施策の長期的・総合的かつ計画的な推進を図るための計画。少なくとも３年毎に見直しがなされることになっており、２０２４年度は、第７次エネルギー基本計画の策定に入っている。

1-2 世界における再生可能エネルギーの動向

カーボンニュートラルの推進と併せて、世界的に太陽光発電（ＰＶ）・風力発電の導入が拡大している。太陽光発電は、２０２１年に世界で設置された再エネ容量３０２GW（ギガワット）の半分以上を占め、最も急速に成長している再エネとなっている。

２０２２年においては、コロナ禍後の価格上昇やウクライナ等、地政学的紛争があったにもかかわらず、世界の太陽光発電の累積導入量は１１８５GW（約１・２TW：テラワット）に達した。同年の年間導入量が１GWを超えた国は少なくとも23カ国あり、累積導入量が10GWを超えている国は16カ国（ＥＵを除く）もある。

中国の導入量が世界最多の４１４・５GW、欧州連合（ＥＵ27カ国）が２０９・３GWで続いており、日本は２０２２年現在、アメリカに次ぐ世界4位（84・９GW）となっている。

日本は、国土面積当たりの太陽光設備容量において主要国のなかで最大であるが、近年は、規制や地元住民の反対もあって、メガソーラーを含めオフサイトにおける発電所の適地が少なくなっており、今後の太陽光発電の促進において、将来にわたり大きな障壁となる可能性が高い状況となっている。

しかし、自家消費できるオンサイト発電を劇的に推進できるペロブスカイトといったテクノロジーの商用化も期待されていることから、より一層の太陽光発電の拡大を実現していきたいところである。

一方、太陽光発電と並び大きく設備容量を伸ばしているのが風力発電である。2022年末時点の世界の風力発電の累計導入量は906GWで、2022年の年間導入量は約270GWと過去最高となった。

総累積導入量の多い国は、2010年にアメリカを抜いた中国が新規導入量で世界の45%を占め、次いでアメリカ、ドイツ、インド、スペインの順となっている。

各国の陸上・洋上の新規・累計の合計は、中国36万5440MW（メガワット）（40・33%）、アメリカ14万4226MW（15・92%）、ドイツ6万7006MW（7・39%）、インド4万1930MW（4・63%）の順位となっている。

特に、中国は断トツの導入量を実現しており、その内訳は陸上風力新規47%、陸上風力累計40%、洋上風力新規58%、洋上風力累計49%となっている。

一方で日本の風力発電機の導入は、2023年12月末実績で、累積導入量＝5213・4MW、2626基（2020年末時点で2554基）と、エネルギー全体のうち、風力発電は1%にも満たない。また、風力発電所の3割が東北地方に偏っていることからも、適地

図2　各国の電源構成の比較（2022年時点）

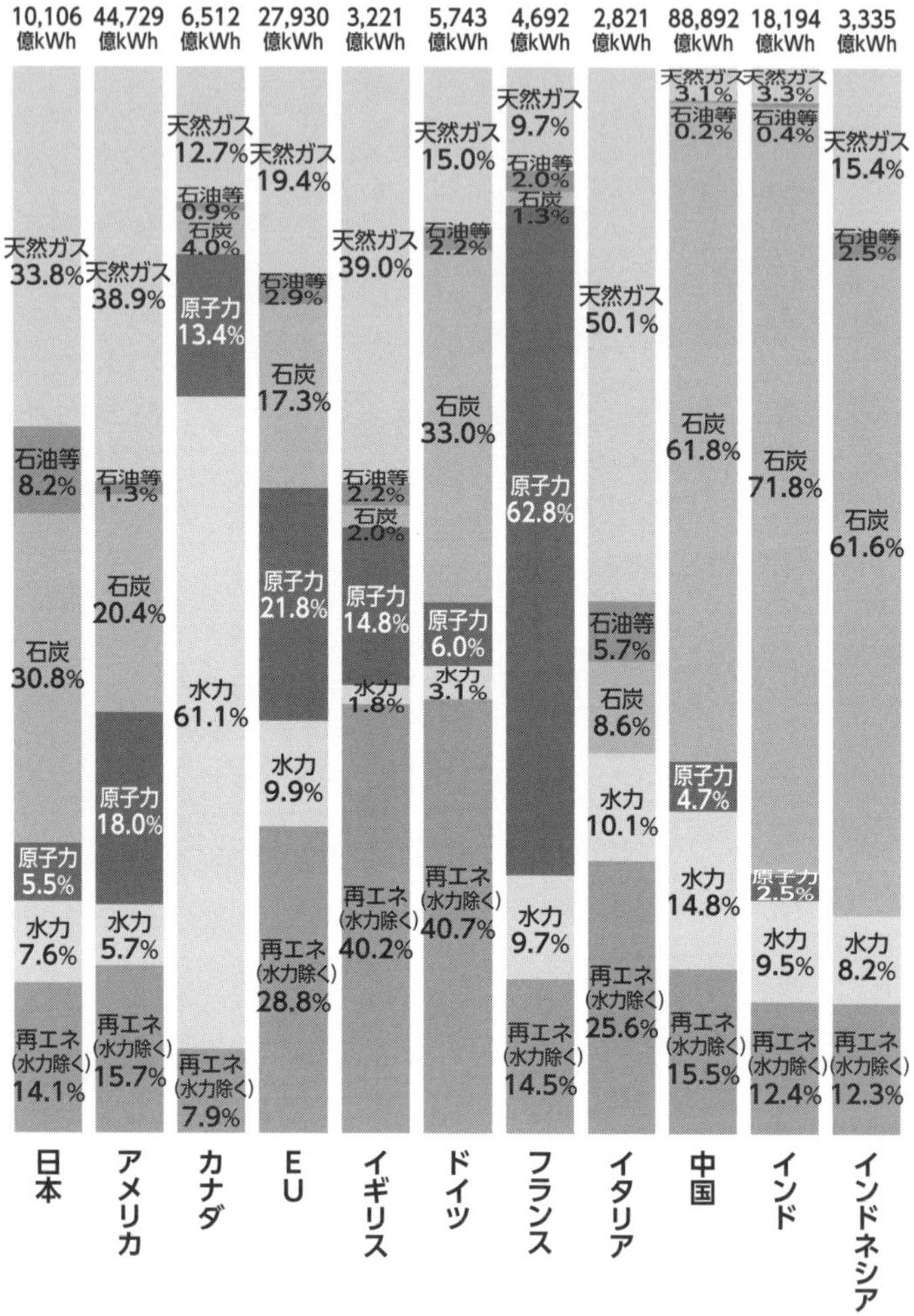

出典:資源エネルギー庁 第55回総合資源エネルギー調査会 基本政策分科会（2024年5月15日）資料1

が少ないという日本特有の課題も浮き彫りになっている。

２０２３年、世界における再エネの年間追加容量は、約５割増で５１０GW近くとなり、過去20年間で最も速い成長率を記録した。

特に、中国では、２０２２年に全世界で実現したものと同容量の太陽光発電を展開し、風力発電も前年比66％増を記録した。また、欧州、アメリカ、ブラジル等の国でも、再エネ容量の増加が過去最高を記録している。

先述のドバイで開催されたＣＯＰ28気候変動会議で合意されたＧＳＴ文書では、２０３０年まで毎年再エネを３倍にし、エネルギー効率の年間改善率を２倍にするという目標が提起されている。

２０５０年までのネット・ゼロ・エミッション（NZE）[※1-6]シナリオ、つまり、２０２２年から電力部門における世界の再エネ容量を３倍にするIEA[※1-7]のシナリオに沿うと、２０３０年までに１万１０００GWを超えることになる。

ＩＥＡによる再エネの成長軌道においては、世界の再エネの容量は、２０３０年で現在

※1-6　NZE（Net Zero Emissions by 2050 Scenario）
２０５０年までに世界がネット・ゼロ・エミッションを達成するための仮定をもとに、ＩＥＡが公表しているシナリオの一つ。

の2・5倍に到達する予想であり、既存の政策と市場条件の下においては、2028年までで7300GWに達すると予測されている。現状維持では、GST文書における目標値3倍は達成できないため、各国政府は現在の課題を克服し、諸々の政策をより迅速に実施していくことが必須になっている。

各国の課題はまちまちであるが、大きくは次の4つの分野にカテゴライズされる。

① 新たなマクロ経済環境に対する政策対応の遅れ、政策の不確実性
② 再エネの急速な拡大に対応する送電網インフラへの投資が不十分
③ 煩雑な行政上の障壁、許可手続き、社会的受容の問題
④ 新興国および発展途上国における資金不足

各国が再エネの拡大推進をしていくなかで、IEAの予測では、2023〜2028年にかけて約3700GWの新たな再エネが稼働し、結果、太陽光発電と風力発電は、世界の再エネ拡大の95%を占めることになるとしている。今後5年間の予測では、再エネ導入においてて次のようなマイルストーンが予想されている。

・2024年には、風力発電と太陽光発電を合わせた発電量が水力発電を上回る
・2025年には、再エネが石炭を超えて最大の発電源となる
・風力発電と太陽光発電はそれぞれ2025年と2026年に原子力発電を上回る
・2028年には、再エネ源が世界の発電量の42％以上を占め、風力発電と太陽光発電の割合は25％に倍増する

2030年までに世界で必要な新規発電量の50％以上を設置すると予想されている中国の役割は相当大きなものになるため、今後の動きに注目していきたいところである。

太陽光パネルの製造において、2022年のシェアは、中国が71％で1位、マレーシアが2位、ベトナムが3位となっており、2022年7月7日のIEAの報告書によると、太陽光パネルの主要製造段階での中国のシェアは8割を超えている。

SPVマーケットリサーチのデータから、2022年のメーカー別市場シェアにおい

※1－7　IEA（International Energy Agency）

事務局をパリに置く、国際エネルギー機関の略称。米欧を中心に31カ国が加盟する。経済協力開発機構（OECD）の枠組み内にある国際機関である。第1次石油危機を契機に、1974年11月、石油消費国のエネルギー事情を改善することを主な目的として設立された。

て、1位は中国・通威集団傘下のシリコン系太陽電池メーカーである通威太陽能（Tongwei Solar）でシェアは14％。2位は中国JAソーラー（JA Solar）、3位は中国のアイコ・ソーラー・エナジー（Aiko Solar・愛旭太陽能科技）、4位は中国・隆基緑能科技（Longi）、そして5位は中国・晶科能源（Jinko Solar）と、中国メーカーがトップ5を独占しており、上位5社の合計は、総出荷量の56％と半分を超えている。

さらに、上位5社だけでなく6位から9位も中国メーカーが占めており、ようやく10位にアメリカのファースト・ソーラーが食い込んだ状況となっている。

さらに、風力発電においても、GWEC（Global Wind Energy Council〈世界風力会議〉）のレポートでは、1位Vestas（デンマーク）、2位Goldwind（中国）、3位シーメンス・ガメサ・リニューアブル・エナジー：SGRE（スペイン）、4位GE（アメリカ）、5位Envision（中国）、6位Mingyang（中国）という結果で、上位15社中の10社、56・4％以上が中国メーカーとなっている。

その他の再エネを見ていくと、太陽光・風力と比較した場合、その容量は少なく、飛躍的に容量が増加する見通しはない。IEAレポートにおける世界の水力発電・バイオマス発電の容量の推移によると、2022年に水力発電1393GW、バイオマス発電164GW、2028年に水力発電1523GW（9・3％増）、バイオマス発電203GW（23％

増）、２０３０年に水力発電１７６５GW（15・８％増）、バイオマス発電２９６GW（45％増）となっている。２０３０年の再エネ導入量の目標値のうち、水力発電・バイオマス発電の合計で、18・７％の割合を担う想定である。

今後もＣＯＰをはじめ、先進国・途上国全てが、カーボンニュートラルへの取り組みを検討し、推進していくことになるが、日本においても、現状を加味しながら、これ以上国力を弱くしないための推進策が求められている。

1-3 日本におけるエネルギー基本計画

日本のエネルギー政策の基本的な方向性を示す「第7次エネルギー基本計画」が、2024年中に策定される見込みであり、現在ワーキングが開始されている。エネルギー基本計画は3年毎に改定されることになっており、2021年の第6次エネルギー基本計画に続く、3年ぶりの改定に向けた議論が本格化している。

日本におけるエネルギー計画は、常に地政学的なリスクに晒《さら》されており、カーボンニュートラルに向けた世界の制度や動向にも影響を受けながら、実行していく必要がある。

今後、再エネの導入拡大をしていく必要があるが、大きなウェートを占める太陽光発電や風力発電においても、技術・製品等は海外に大きく依存する状況になっている。根本的なリスク回避ができているとは言い難く、その状況を踏まえて、計画を策定していく必要がある。

2021年10月22日に閣議決定された新たな第6次エネルギー基本計画では、2050年カーボンニュートラル（2020年10月表明）、2030年度にさらに46%削減、50%の高みを目指して挑戦を続ける新たな削減目標（2021年4月表明）の実現に向けた道筋を示すことが重要テーマとなった。

国際的なルール形成を主導する脱炭素技術等、新たな脱炭素に関する国際的な競争力を高める。また、日本のエネルギー需給構造における安全性の確保を大前提にして、気候変動対策を進める。つまり、安定供給の確保やエネルギーコストの低減（S＋3E[※1-8]）に向けた取り組みを推進することが大きなポイントとなった。

基本計画全体は、①東京電力福島第一原発の事故後10年の歩み、②2050年カーボンニュートラル実現に向けた課題と対応、③2050年を見据えた2030年に向けた政策対応のパートから構成されている。

日本におけるエネルギー政策は、オイルショックの時代に原子力発電に舵《かじ》を切った時とは状況が異なり、福島の事故以降、諸々の政策は存在したものの、将来のエネルギー確保に関して十分に機能していたとは言い難い現状がある。

第6次エネルギー基本計画においても道半ばであり、今後、本腰を入れて実効性のある新たな計画策定をしていただきたいところである。

※1-8　S＋3E（エス・プラス・スリーイー）

安全性（Safety）を大前提として、安定供給（Energy Security）、経済効率性（Economic Efficiency）、環境適合（Environment）を同時に実現する考え方で、日本におけるエネルギー計画のベースになっている。

日本でのエネルギー計画における基本的な視点は、S＋3Eで重要とされている安全性（Safety）を前提としたうえで、エネルギーの安定供給（Energy Security）を第一とし、経済効率性（Economic Efficiency）の向上による低コストでのエネルギー供給を実現し、同時に、環境への適合（Environment）を図るものである。

この観点で、第6次エネルギー基本計画を概観してみる。

日本は、他国との連携線がない島国であり、化石資源にも恵まれていない。地熱は世界第3位のポテンシャルがあるが、拡大しているとは言い難く、自然エネルギーを活用する条件も諸外国とは異なっている。再エネの導入を含めた電力供給の脆弱《ぜいじゃく》性を抱えており、安全保障の確保は大きな課題である。

また、新たな脱炭素技術分野の重要性が増加しているため、トランジションの観点も加味した、サプライチェーン全体での安定供給体制確保が必須となっている。

環境への適合（Environment）の観点では、カーボンニュートラルが世界的な潮流となっているなかでその重要性が急激に増しており、温室効果ガス排出量の8割以上を占めるエネルギー分野への取り組みが特に重要となっている。

エネルギーの脱炭素化に当たっては、発電所の建設、EV・蓄電池、太陽光パネル等、製品に関連するもの全てにおけるCO_2排出を考慮するというように、サプライチェーン

図3　第6次エネルギー基本計画（策定時点）

		（2019年度⇒旧ミックス）	2030年度ミックス（野心的な見通し）
省エネ		（1,655万kl⇒5,030万kl）	**6,200万kl**
最終エネルギー消費（省エネ前）		（35,000万kl⇒37,700万kl）	35,000万kl
電源構成 **発電電力量:** 10,650億kWh ⇒ 約9,340億kWh程度	**再エネ**	（18%⇒22～24%） 太陽光 6.7%⇒7.0% 風力 0.7%⇒1.7% 地熱 0.3%⇒1.0～1.1% 水力 7.8%⇒8.8～9.2% バイオマス 2.6%⇒3.7～4.6%	**36～38%※** **※現在取り組んでいる再生可能エネルギーの研究開発の成果の活用・実装が進んだ場合には、38%以上の高みを目指す。**
	水素・アンモニア	（0%⇒0%）	**1%**
	原子力	（6%⇒20～22%）	**20～22%**
	LNG	（37%⇒27%）	**20%**
	石炭	（32%⇒26%）	**19%**
	石油等	（7%⇒3%）	**2%**
（＋非エネルギー起源ガス・吸収源）			
温室効果ガス削減割合		（14%⇒26%）	**46%** **更に50%の高みを目指す**

出典：資源エネルギー庁　エネルギー基本計画の概要（2021年10月）

全体で脱炭素化を進めていく観点が重要である。かつ、地域等周辺環境との調和・共生も重要な課題であり、エネルギー関連設備の導入から運用、その後の廃棄物の処理等についても、影響を考慮していく必要がある。

２０３０年代後半以降、年間50～80万tの温室効果ガスが排出されると想定されているため、大量排出に対する実効性のある適切な処理方法の確立が必要な状況となっている。

サプライチェーン全体で考えると、再エネに関しても、製品・技術を海外に依存せざるを得ない状況下、今後の政策や計画において大きな方向転換が必要になると想定される。

経済効率性（Economic Efficiency）の向上による低コストでのエネルギー供給は、国内産業の成長や、海外からの投資を呼び込み、日本がさらなる経済成長を実現するうえでの重要な条件となる。一方で、カーボンニュートラルに対応するコストは、日本の国力低下を起点とする為替の影響や、海外での紛争による再エネ製品のコスト上昇、水素活用等がコスト変動の要因となりうる。

日本は、海外への依存を踏まえて、カーボンニュートラル推進のための省エネルギーのより一層の拡大、発電・需給予測の高度化、系統制約の克服、調整力の確保等による電力システムの柔軟性向上、これらを実現するＩＴ力の活用、制度・規制改革といった取り組み等、考えうる限りの施策を実施し、エネルギーの最大限の効率化と供給・調整コストの最小化を図らなければならない。

ここで、第6次エネルギー基本計画における再エネの位置付けを確認してみると、２０３０年におけるエネルギーミックスは、再エネ36～38％であり、その他の電源構成は、水素・アンモニア１％、原子力20～22％、ＬＮＧ20％、石炭19％、石油等２％となっている。再エネの内訳は、太陽光14～16％、風力５％、地熱１％、水力11％、バイオマス５％となっている。

2023年3月時点での太陽光発電状況は、エネルギーミックス（1億3350万〜1億1760万kW）の水準に対して、現時点のFIT前導入量＋FIT・FIP認定量は7970万kW、導入量は7070万kWである。導入ベースでは、60〜68％の達成率である（FIT・FIPについては第2章で詳述）。10〜50kWの小規模事業用太陽光案件が多く、事業用太陽光発電のFIT・FIP導入量全体に占める割合は、容量ベースで26％程度となっており、今後、卒FITにおける事業用太陽光の廃止が増えた場合、オフサイト発電所の適地が減少している現状から、太陽光発電ですら、新たな技術導入はもちろんであるが、政策や規制面での緩和等対策を採っていかないと、達成はおぼつかないと考える。

また、FITに関しては、認定取り消しが発生している点も、計画策定上考慮していく必要がある。

2022年4月に施行された認定失効制度は、FITの認定を取得した日から原則3年を過ぎても稼働しない未稼働案件に対して強制的に行われる仕組みである。経済産業省は、2023年4月1日付で、太陽光発電所の未稼働案件（5・3万件／4・2GW）のFIT認定を失効させた。

もう一つの再エネの主力である風力発電については、エネルギーミックス（2360万kW）の水準に対して、現時点のFIT前導入量＋FIT・FIP認定量は、1590万

kW、導入量は520万kWであり、達成率は22%である。また、風力発電も、2021年の断面では、撤去（廃止）された発電所は6・82万kW（64基）に及んでいる。

洋上風力（着床式・浮体式）発電は、現時点では導入案件は少ないものの、今後の導入拡大が見込まれている。確実な導入と供給開始が必須であり、さらなる適地の選定に向けてアクションしていく必要がある。

COP28では、原発の設備容量を2050年までに3倍にすると、日本やアメリカなど20カ国以上が賛同した。大きな電力需要の増加が見込まれている中国やインドをはじめ、アジア・アフリカの新興国も新増設の計画を策定している。世界原子力協会（WNA）によると、現在60基の原子炉が建設中で、中国はその4割超を占めると言われている。

世界全体で計画中や提案段階のものの合計は500基近くになり、現在稼働中の原子炉数を上回ることになる。日本においても、産業競争力を維持しながら、かつ、カーボンニュートラル推進による世界のサプライチェーンへの対応を実現するために、原子力発電は最小限でも必要となる。その原子力発電の現状について、少し概観してみる。

2024年4月時点で、稼働中の原発は、再稼働中12基、設置変更許可5基、新規制基準10基、未申請9基、廃炉24基となっており、全60基中、未申請を含め半分以上が実質なくなったのと同じ状況である。

また、2024年8月、新規制基準適用後初めて、原子力規制委員会は、日本原子力発電（原電）の敦賀原発2号機（福井県）について「新規制基準に適合しているとは認められない」とする審査チームの審査結果を正式に了承したため、今後の原発を含むエネルギー計画策定に影響を与える可能性もある。

東京電力福島第一原発の事故の翌年に改正された原子炉等規制法で、原子力発電所の運転期間を原則40年とし、1回に限って20年までの延長を認めることで、最長60年に制限する制度となった。2023年5月に国会を通過した法律改正で、運転期間に関する規定は、経済産業省が所管する電気事業法へ移管され、原則40年、最長60年という制限は維持しつつ、経済産業大臣が認可すれば、原子力規制委員会の審査などで停止していた期間を運転期間から除外することで、実質的に60年を超えて運転することが可能となった。

実際に、2024年6月26日、原子力規制委員会は、原子力30年超運転の新規制において、初めて関西電力大飯《おおい》原子力発電所3・4号機（PWR：加圧水型原子炉各118万kW）の長期施設管理計画を認可した。これにより、大飯発電所3号機は、2031年12月まで、4号機は、2033年2月まで運転ができるようになった。

世界全体では、約25％の原子力発電プラントが40年を超え、3分の2近くが30年超運転をしているのが現状だ。アメリカに至っては40年を超えた原子力発電プラントが半数以上あり、20年の延長が承認されている。また、フランスは、「**グランカレナージュ**※1-9」という大規模改修計画に取り組んでおり、多くの原子炉で40年超運転を目指している。

エネルギー基本計画上は、残りの27基を全て稼働させる前提であるが、該当する原子力発電所が、永久に稼働するわけではない。また、2050年時点で電力の2割を計画通り原子力発電で確保するためには、10基を超す新増設が必要になると言われているが、新設地の選定も含めて簡単に実現する話ではない。2050年のカーボンニュートラル実現に向けて、代替のエネルギー供給を検討する必要がある。

代替エネルギーが、**SMR**※1-10や**核融合**※1-11等の次世代エネルギーとなるのか、その他のエネルギーに替えるのかは、今後のテクノロジーの進化や日本のエネルギー供給事情と国力維持のバランス等を鑑《かんが》みて、慎重に検討していく必要がある。

日本における新たなエネルギー基本計画には、実現できる確実なシナリオと、日本の実情を本当の意味で反映したものになることを願っている。

※1－9　グランカレナージュ

フランスにおいて取り組まれている、1980年代前半に運転を開始した多くの原子炉の40年超運転に向けた大規模改修計画。

※1－10　SMR（Small Modular Reactor）

小型モジュール炉。小規模な工業プラントほどの大きさであり、一般的な原子力発電所の電気出力が1基100万kW程度であるのに対して、SMRは30万kW未満の原子炉。

※1－11　核融合

非常に大きなエネルギーを発生させることができる、軽い元素の原子核同士が合体して重い元素に変化する反応のこと。自然界では太陽をはじめとする恒星のエネルギーの源となっている。

1-4 国内の電力需要の今後

2021年9月に資源エネルギー庁が公開した資料によると、2030年における電力需給は、経済成長や電化率の向上等による電力需要の増加要因が予想されている。徹底した省エネルギー（節電）の推進により、2030年度の電力需要は8640億kWh程度、総発電電力量は9340億kWh程度を見込むとしている。

この電力需要に対して、再エネは合計3360〜3530億kWh程度導入するとしており、2030年度の温室効果ガス46％削減を目指すとしている。

この電力需要に関しては、省エネの取り組みも当然加味されているが、カーボンニュートラル実現に向けては重要なファクターとなるため、その概要を少し深掘りしてみる。

2030年度における省エネ量は、2015年策定時の5036万kLから1200万kL程度ストレッチし、6200万kL程度の設定となった。

内訳（単位：万kL）は、産業部門で2019年時点：322→2015年策定時点：1042→1350程度、業務・家庭部門で2019年時点：771→2015年策定時点：2387→2550程度、運輸部門で2019年時点：562→2015年策定時

図4　国内の電力需要の予想
（2021年　第6次エネルギー基本計画策定時点）

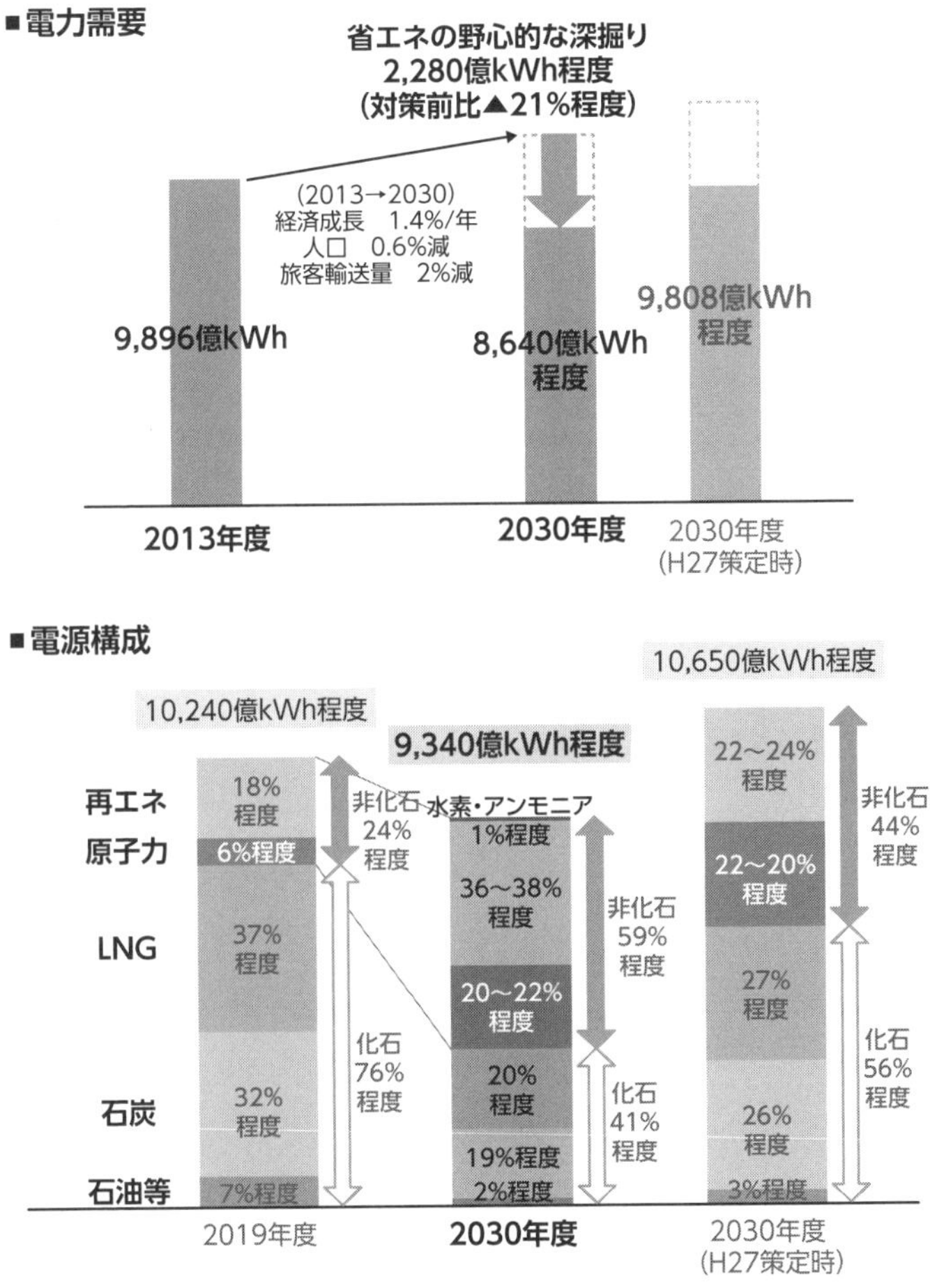

出典：資源エネルギー庁 2030年度におけるエネルギー需給の見通し（関連資料）（2021年10月）

点：1607↓2300程度となる。

日本においては、省エネが相当進んでいるとはいえ、イギリスやEU各国と比較すると、推進の余地があるように思われる。世界各国の省エネへの取り組み（政策と成果）を評価するACEEE※1-12（米国エネルギー効率経済評議会）の「国際エネルギー効率スコアカード」では、日本は総合ランクで7位（25カ国中）となっている。

業務・家庭部門における省エネの施策は、次のようになっており、今後の電力供給のあり方についても検討するべき事項が含まれている。

① 住宅・建築物の省エネ：730万kL↓890万kL程度
② 家庭用高効率給湯器：304万kL↓332万kL
③ トップランナー制度等による機器（冷蔵庫やサーバー、ストレージ等）の省エネ性能向上：412万kL↓518万kL
④ HEMS（ホーム・エネルギー・マネジメント・システム）等を利用したエネルギー管理：178万kL↓160万kL
⑤ 一般消費者への省エネ情報提供：6万kL（新規）
※エネルギー小売事業者による一般消費者への省エネ情報提供について、対策強化により追加

住宅・建物についての省エネは、ＥＵ諸国等と比較すると依然として改善の余地があると言われており、エコキュート等は太陽光等の余剰電力の吸収先としても注目をされている。また、ChatGPT[※1-13]に代表されるような生成ＡＩ（人工知能）活用の急速な拡大におけるデータセンター需要も今後大きくなることが想定されている。関東圏だけでも今後６００万kW程度の追加の電力が必要になると見込まれており、内部で使用するサーバー・ストレージ機器の省エネを推進するべきである。

ＩＥＡによると、１回当たりのGoogle検索に使われる電力量は、０・３Whであるのに対し、生成ＡＩに利用される消費電力は、１リクエスト当たり２・９Whと、およそ10倍の電力が必要になるとされている。

※1－12　ACEEE（American Council for an Energy-Efficient Economy）
アメリカの非営利団体であり、省エネルギー政策や気候変動対策、クリーンエネルギーの普及などに関する調査研究機関。世界各国の省エネへの取り組み（政策と成果）を評価し、政府への政策提言も実施。

※1－13　ChatGPT
アメリカのOpenAI社が開発・提供している、人間と対話しているかのように、質問した内容に回答する対話型のＡＩサービス。「ＧＰＴ」は、「Generative Pre-trained Transformer」の略で、ChatGPTが利用している「ＬＬＭ」（大規模言語モデル）のこと。ユーザーのプロンプトを処理し、どのように出力結果を生成するかを表している。

Googleの1日当たりの検索数は55億回、年間では2兆回と推計されており、1日当たり同じレベルで生成AIが利用された場合は、およそ1・43億kWhのプラスの電力が必要になる計算となる。膨大な電源確保が必要となり、それが再エネベースとなると大変な数字になることが理解できる。

また、分散電源の最大限の活用という観点では、HEMSを含めた分散リソースの活用推進やDR[※1-14]（デマンド・レスポンス）サービスの高度化等は求められる要素となっていく。

日本における電力需要を、分散リソースの活用を含めどのように支えていくのかは、人口減少、それに伴い発生する空き家問題とその有効活用等セットで検討していく必要があると考える。

日本の人口減少は今後ますます進行し、総務省の人口統計では、2030年に1億2000万人以下になり、2053年予想では9924万人と1億人を割り込み、2065年には8808万人になると推計されている。

民間の経済人や研究者などの有識者らで構成する「人口戦略会議」によると、2050年までの間に、若年女性人口が半数以下になる自治体は744あり、これは全国の自治体の4割に当たる。該当の自治体では、人口が急減し、最終的に消滅する恐れがあるとしている。この状況は、東北・北海道、紀伊半島、四国など、その傾向が高いエリアを含め首都圏を除く全国に広がっており、従来通りの電力供給サービスのあり方を見直す必要性が高まっており、分散電源のフル活用やマイクログリッド等を含め再検討していく必要があるだろう。

すでに全国的に問題になっている空き家問題も、同様の観点で考慮が必要になってくる。総務省が実施している住宅・土地統計調査によると、2023年10月1日時点の全国の空き家数は過去最多を更新し、900万戸となっている。全住宅ストックに占める空き家の割合（空き家率）は13・8％で、2018年（849万戸、空き家率13・6％）に実施された調査と比べると51万戸増加している。

なお、2018年時点における調査では、住宅ストック数における空き家（賃貸・売却用および二次的住宅を除く）率の全国平均は、5・6％となっており、2023年では、5・9％と微増している。大都市圏の11都道府県を除き、36県が平均を超えており、秋田

※1‐14　**DR（Demand Response）**

需要家側エネルギーリソースの保有者もしくは第三者が、そのエネルギーリソースを制御することで、電力需要パターンを変化させること。需要制御のパターンによって、需要を減らす（抑制する）「下げDR」、需要を増やす（創出する）「上げDR」の二つに区分される。需要制御の方法によって、①電気料金型（電気料金設定により電力需要を制御する）と、②インセンティブ型（電力会社やアグリゲーターと需要家が契約を結び、需要家が要請に応じて電力需要の抑制等をする）の二つに区分される。

県、島根県、山口県、徳島県、愛媛県、高知県、鹿児島県、和歌山県等8県においては10%を超えている。

空き家問題では、2023年12月13日に施行された「空き家等対策の推進に関する特別措置法の一部を改正する法律」による対策も打ち出されており、今までは「特定空き家」に指定された空き家が固定資産税増額の対象となったが、固定資産税が6倍になる空き家の対象に「管理不全空き家」が追加されることが決まった。

空き家の区分として、完全に放置された「特定空き家」以外に「管理不全空き家」が新設され、窓や壁が破損しているなどして管理が不十分な状態になるような、放置すれば「特定空き家」になる恐れがあるカテゴリーとして定義された。

今後、地域における空き家問題は、人口減少と併せてさらに加速していくと想定されるため、法改正への対応や空き家の有効活用の一環として、分散電源の設置やそれに関連したサービス（PPA〈Power Purchase Agreement〉サービスの空き家版、メンテナンス&見守りサービスの複合型サービス等）を検討することも一案ではないかと思う次第である。

一方で、日本におけるカーボンニュートラル推進のうえでは、工業における電化の必要性もあり、電力需要が増加する可能性もある。ここでは、今後急速に増加するデータセンターや、徐々に増加するEV等の状況について見ていくことにする。

デジタルトランスフォーメーション（DX）や生成AIの利用が広がり、データ処理の需要はますます高くなっている。膨大な計算を支える**GPU**[※1-15]の消費電力は今後もすごい勢いで伸びると言われており、そのサーバーとしての大手ベンダーである米マイクロソフトや米アマゾン・ウェブ・サービス（AWS）など海外のクラウド大手も、日本で相次ぎデータセンターの大規模投資を打ち出している。

国内勢ではさくらインターネットが北海道石狩市にデータセンター拡張計画を進めている。政府の支援を受けながら国産のAIを開発するべく、米エヌビディアなどの画像処理半導体（GPU）を2027年末までに合計1万個導入する予定である。

生成AI等の最新技術は大量のデータを処理することで導き出された予測によって、気象関連等で世の中に貢献する部分がある一方、大量の電力を消費するため、カーボンニュートラルとは逆行することになる。今後のサーバ等を含めたテクノロジーにより、データセンターにおける省エネがより推進されることを期待する次第である。

※1-15　**GPU（Graphics Processing Unit）**
画像処理装置を意味する電子回路で、画像を描写するために必要な計算を処理する。

※1-16　**電力中央研究所**
科学技術研究を通じて電気事業と社会に貢献する電気事業共同の研究機関。1951年創設。

電力中央研究所※1-16の予測によると、新たなデータセンターが建設されることによって日本のデーターセンターの電力消費は200億kWh（2021年）から、最大で1050億kWh（2040年）まで増えるとされている。これは、九州電力管内の年間電力消費量に匹敵する。

電力サービスにおいても予測の重要性は増していき、再エネ発電、需要、市場等でカーボンニュートラル時代における分散リソースの活用にITのパワーは必須条件となっていくであろう。

ここからは、運輸部門におけるカーボンニュートラルを目指すうえで、重要なファクターとなるEVの状況について考えることとする。

世界の電気自動車（EV）市場は2023年時点で、販売台数は2022年比35％増の1360万台に達し、普及率も2020年の4・2％、2021年の9％、2022年の14％と上昇を続けており、2023年9月時点で18％となっている。

国際エネルギー機関（IEA）の予想では、2035年にEVが世界の新車販売の5割超を占め、中国メーカー等の低価格車の普及や車載電池の価格低減や、充電インフラの整備が前提条件になるとしている。

また、EUや米カリフォルニア州等では、2035年にハイブリッド車（HV）を含むエンジン車の販売を原則禁止する方針を掲げており、世界的にＥＶの普及が加速すると想定されている。

日本のＥＶ普及率は、２０２３年11月時点で２・３３％と低く、世界最大の自動車市場である中国の約20％、アメリカの約７・２％、ＥＵの約12・９％と比較すると周回遅れの感がある。世界の潮流に乗るためには、日本においてもＥＶの普及を推進していくべきであり、今後の国による推進政策やメーカーやサービサーの施策に期待したいところである。

一方で、日本では高齢化および若年層の車離れにより、２０２０年を境に、車の運転者数は減少傾向にある。

特に地方において、その傾向が顕著になってくると想定されるが、車は生活をするうえで重要な移動手段となっており、公共交通機関や民間サービスの充実は必須となっている。今後のＥＶ普及に伴う自動運転等のテクノロジーを駆使した新サービスが期待されるところである。

このベクトルとＥＶの普及に必要なインフラ整備のスピードを、どのように捉えていくかにより、特に地方における今後の電力サービスにも影響が出てくるところである。

日本の需要予想は、電化の視点やデータセンターインフラ・半導体工場等の需要、生成

ＡＩの普及の観点で、地域により偏りが顕著になる可能性はあるが、電力需要を押し上げるとの見方が強まっている。国内需要は２０５０年に、足元の需要に比べて１・３〜１・５倍に増えるとの試算がある。

現在策定中の新たなエネルギー基本計画でも、この点は重要なポイントになるが、カーボンニュートラル実現に向けた官民併せた取り組みにも大きな影響があるため、計画策定に当たっては実効性のある内容になることを望むところである。

1-5

日本政府が推進するＧＸ戦略

２０２３年2月10日の閣議決定で、「ＧＸ実現に向けた基本方針」が確定し、「ＧＸ推進法」「ＧＸ脱炭素電源法」の成立による「成長志向型**カーボンプライシング**[※1-17]構想」等の新たな政策を具体化した。同時に、これらの政策を実行するため、「ＧＸ推進法」に基づく「脱炭素成長型経済構造移行推進戦略」（ＧＸ推進戦略）を定めた。

ＧＸとは、グリーントランスフォーメーション（Green Transformation）のことで、現在の化石燃料による発電から再エネ中心のクリーンエネルギーに転換し、経済社会システム全体を変革しようとする取り組みのことを言う。地球温暖化や環境破壊、気候変動などを引き起こす温室効果ガスの排出を削減し、環境改善とともに経済社会システムの改革を行っていくことである。

本戦略の概要は、気候変動問題への対応、地政学的なリスクを受けたエネルギー安定供

※1-17　カーボンプライシング
温室効果ガス排出コストを内部化することで、低炭素社会に向けた行動変容を促す目的で、企業などが排出する二酸化炭素（CO_2）に価格を付けて、排出者の行動を変化させるために導入する政策手法。

給の確保、日本の産業の成長の同時実現等であり、次の取り組みを進めるとしている。

①　エネルギー安定供給の確保に向け、徹底した省エネに加え、再エネや原子力などのエネルギー自給率の向上に資する脱炭素電源への転換など、GXに向けた脱炭素の取り組みを進めること

②　GXの実現に向け、「GX経済移行債」等を活用した大胆な先行投資支援、カーボンプライシングによるGX投資先行インセンティブ、新たな金融手法の活用などを含む「成長志向型カーボンプライシング構想」の実現・実行を行うこと

すでに欧米各国は、ウクライナ侵略を契機として、カーボンニュートラルに向けた取り組みを強化してきており、脱炭素につながる投資を支援している。

EUでは10年間に官民協調で約140兆円程度の投資実現を目標とした支援策を、アメリカでは2022年8月に10年間で約50兆円程度の国による対策（インフレ削減法）を定め、脱炭素投資への支援策や、新たな市場やルール形成への取り組みを加速しており、GXに向けた脱炭素投資による結果が、企業・国家の競争力を左右する時代に突入していると言える。

日本としては、世界におけるカーボンニュートラルの実現に貢献すると同時に、脱炭素分野で新たな需要・市場を創出し、日本の産業競争力を再び強化することにより、経済成長を実現し、国力を取り戻していく最大のチャンスである。そのためには、GX戦略を確実に実行していく必要があるが、結果を出すためには、必要な投資を必要な分野に適切に配分できるようなコンセプトと仕組みが必須である。

この基本的な考え方に基づき、今後の対応としては次のことに取り組むとしている。

(1)徹底した省エネルギーの推進、製造業の構造転換（燃料・原料転換）
(2)再生可能エネルギーの主力電源化
(3)原子力の活用
(4)水素・アンモニアの導入促進
(5)カーボンニュートラルの実現に向けた電力・ガス市場の整備
(6)資源確保に向けた資源外交など国の関与の強化
(7)蓄電池産業の支援強化
(8)資源循環の促進
(9)運輸部門のGX（①次世代自動車　②次世代航空機　③ゼロ・エミッション船舶　④鉄道

⑤物流・人流）

(10)脱炭素目的のデジタル投資

(11)住宅・建築物分野への支援強化

(12)インフラの脱炭素促進

(13)カーボンリサイクル／ＣＣＳ[※1-18]への支援強化（①カーボンリサイクル燃料　②バイオものづくり　③CO_2削減コンクリート等　④ＣＣＳ）

(14)食料・農林水産業への投資促進

国が掲げる「成長志向型カーボンプライシング構想」の実現・実行のためには、投資が必要であり、試算ベースで今後10年間に１５０兆円を超えるＧＸ投資を、官民協調で実現するとしている。この構想を速やかに実現・実行していくために、次の三つの柱が示されている。

1　「ＧＸ経済移行債」等を活用した大胆な先行投資支援

2　カーボンプライシングによるＧＸ投資先行インセンティブ

3　新たな金融手法の活用

1　「GX経済移行債」等を活用した大胆な先行投資支援

新たに「GX経済移行債」を創設し、これを活用することで、先行投資支援を実行する。カーボンプライシング導入の結果として得られる将来の財源を裏付けとした20兆円規模の「GX経済移行債」を、2023年度以降10年間、毎年度、国会の議決を経た金額の範囲内で発行していくものであり、カーボンニュートラルの達成目標年度の2050年度までに終える設計とする。

2　カーボンプライシングによるGX投資先行インセンティブ

カーボンプライシングは、炭素排出に値付けをすることにより、GX関連製品・事業の付加価値を向上させるものであるが、この仕組みを、GXに集中的に取り組む期間を設けたうえで導入し、企業の負担を徐々に引き上げていくことで、GX投資の前倒しを促進する。カーボンプライシングに対応して、投資する事業者にGXに先行して取り組むインセ

※1-18　CCS（Carbon dioxide Capture and Storage）
「二酸化炭素回収・貯留」技術であり、発電所や工場などから排出されたCO_2を、他の気体から分離して集め、地中深くに貯留・圧入する技術。

図5　日本のGX戦略について

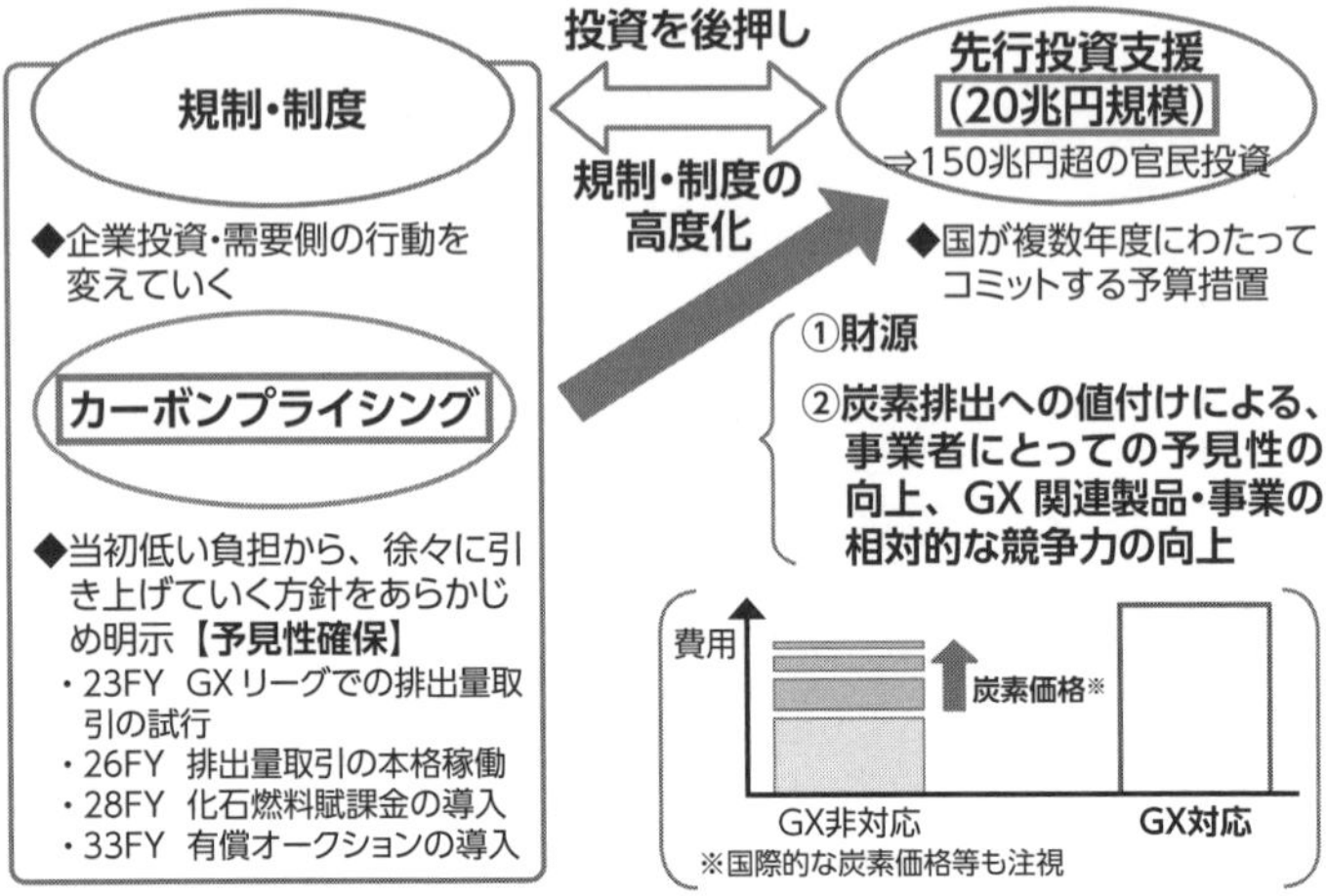

出典：内閣府　我が国のグリーントランスフォーメーション実現に向けて（2023年12月）

ンティブを付与する仕組みとする。

　今後の取り組みとしては、①**「排出量取引制度」**[※1-19]の本格稼働　②発電事業者に対する「有償オークション」の段階的導入　③「炭素に対する賦課金」の導入を、時間をかけて順次実行に移していく。

①　「排出量取引制度」の本格稼働

　参加企業のリーダーシップに基づく自主参加型のＧＸリーグにおける「排出量取引制度」は、２０２３年度から試行的に開始されている。

　本制度は２０２６年度に本格稼働することを予定しており、さらなる参加率向上に向けた方策や、政府指針を踏まえた削減目標に対する民間第三者認証、目標達成に向けた規律強化（指導監督、遵守義務等）などを検討することになる。

本カーボン・クレジット市場は、２０２３年10月に東京証券取引所に開設され、環境経営に積極的とされる企業が集うＧＸリーグであり、自主的に設定した排出量削減目標を達成するために利用されている。

国内の民間企業が多く取引しているＪ**クレジット制度**※1-20に基づくクレジット取引を中心に行っており、２０２３〜２０２５年を試行期間と位置付けている。

２０２４年10月にも、２０３０年度の温室効果ガス排出量を、２０１３年比で46％削減する目標（ＮＤＣ）を上回った際に発生する「超過削減枠」の取引を開始する予定であり、２０２６年度にて本格稼働する方向である。

また、本市場では、**ＪＣＭ**※1-21も将来的な対象として、目標達成のために取引される予定であり、より一層の自主的な取り組みが推進できる予定となっている。

※1-19　**排出量取引制度**
あらかじめ割り当てられた温室効果ガスの排出枠に沿って企業が CO_2 排出量を制限し、枠を超えた部分については売買でやりとりできる制度。

※1-20　**Ｊクレジット制度**
省エネルギー機器の導入や森林経営などの取り組みによる、CO_2 などの温室効果ガスの排出削減量や吸収量を「クレジット」として国が認証する制度。

② 発電事業者に対する「有償オークション」の段階的導入

発電事業で取得が必要な排出量に相当する排出枠をオークションの対象とし、まずは排出枠を無償交付し、段階的に減少（有償比率を上昇）させる。段階的導入の開始時期については、エネルギーに係る負担の総額を中長期的に減少させていくなかで導入するため、再エネ賦課金総額がピークアウトしていく想定を踏まえて２０３３年度とする。

③「炭素に対する賦課金」の導入

産業界に広くＧＸへの動機付けが可能となるよう、炭素排出に対する一律のカーボンプライシングとしての「**炭素に対する賦課金**[※1-22]」を導入する。ＧＸに集中的に取り組む5年の期間を設けたうえで、２０２８年度から導入する。化石燃料の輸入事業者等を対象に、当初低い負担で導入してから徐々に引き上げていくこととし、その方針をあらかじめ示すことで、民間企業によるＧＸ投資の前倒しを促進するとしている。

3　新たな金融手法の活用

今後10年間で官民１５０兆円超のＧＸ投資を実現するため、民間金融機関や機関投資家等による積極的なファイナンスが必要となる。多排出産業によるトランジションへの取り組みに対する投資家・金融機関の資金供給は不可欠であるため、トランジション・ファイナンスに対する国際的な理解醸成へ向けた取り組みを強化する。また、民間金融だけではリスクを取り切れないケースも存在するため、公的資金と民間資金を組み合わせた金融手法（ブレンデッド・ファイナンス）を確立していく。

GX戦略の確実な実行は、今後の日本の国力を左右しかねない重要な事項であり、世界のサプライチェーンから取り残されないためにも、中小企業を含めた日本の産業全ての取り組みをレベルアップしていくことが必須である。

日本における現在の実力からすると、欧米の取り組みの大きさには敵わない。しかし、重点的な分野のベクトルを間違わずに、カーボンニュートラル化のエネルギー供給の分野

※1－21　**JCM（Joint Crediting Mechanism）**
二国間クレジット制度の略で、途上国と協力して温室効果ガスの削減に取り組み、その成果を両国で分け合う制度。

※1－22　**炭素に対する賦課金**
排出量に応じて企業が支払うべき金額を定めることで、温室効果ガスの排出削減を促す目的で、企業の二酸化炭素（CO_2）排出量に応じて課金する制度。

で戦略投資を推進し、地政学的なリスクを最小限にできるよう一歩ずつ確実に取り組みを進めていただきたいと考える次第である。

第2章

カーボンニュートラル実現に向けたエネルギー政策

▼▼▼

本章では、日本におけるエネルギー業界や制度に関する最近のトレンドを概観し、カーボンニュートラルにおける電力業界の課題を見ていく。

2-1 FIT／FIP制度の変遷と課題

日本の再エネを巡る制度は、1980年代のオイルショック以降の省エネ推進、1990年代の新エネルギー法、2000年代に入ってからのRPS法※2-1等の変遷を経て、2010年代のFIT制度につながっている。

2009年11月にスタートした住宅用太陽光発電の余剰電力買取制度に続き、再エネの導入推進をより一層進めるために、2011年8月に再生可能エネルギー電気の利用の促進に関する特別措置法（以下、再エネ特措法）が成立し、2012年7月1日から「固定価格買取制度（FIT制度）」が施行された。

これは、その地域の電力会社に再エネで発電された電力を一定期間、国が定めた単価で買い取ることを義務付けるもので、この制度により、太陽光発電等の導入が拡大し、再エネの電源比率の増加につながった。

その後、2016年4月に電力の小売全面自由化が開始され、従来の電気事業者は、発電事業者・小売電気事業者・送配電事業者に区分されることとなった。当時、現行制度の法制的な枠組みを大きく変更することはしないとの方針に基づき、買取義務者は電気の使用者に直接電気を供給する電気事業者、すなわち「小売電気事業者」と位置付けられた。
この時点で、次の大きな二つの方式、つまり、FIT特例制度がスタートした。
FIT特例制度1：小売電気事業者は**インバランスリスク**[※2-2]を負うことなく、送配電事業者の発電配分計画値である電気を回避可能費用で調達することが可能となる。
FIT特例制度2：小売電気事業者は、各自において発電予測を行い、発電予測値と発電実績差におけるインバランスリスクが発生する方式をベースとする。

※2-1　RPS（Renewables Portfolio Standard）法
正式名称「電気事業者による新エネルギー等の利用に関する特別措置法」。2003年4月から全面施行された、電気事業者に対して一定量以上の新エネルギー等を利用した電気の利用を義務付ける法律。

※2-2　インバランスリスク
需要・発電計画値と実際の電力需要量や供給量の差分（インバランス）が発生することで、その差分は送配電事業者が託送契約に基づき補填している。発電事業者や小売電気事業者は、そのコストをインバランス料金として負担している。

特例制度1と2で、小売電気事業者の選択・対応が分かれたが、多くの小売事業者は、実質的にリスクを回避できる特例制度1を適用した。特例制度2を適用した小売事業者はのちに、卒ＦＩＴ電源の扱いや、ＦＩＰ制度において、発電予測のノウハウを強みとして発揮し、新たなサービスを展開することにつながった。

２０１７年4月からＦＩＴ特例制度は、送配電事業者買取制度となり、それまで電気利用者へ電気を供給する小売電気事業者が再エネ発電事業者より電気を購入することを前提としていたが、今後、揚水発電の活用や連系線を活用した広域的な系統運用（広域融通）などを通じた再エネのさらなる導入拡大を促す仕組みとするため、系統運用および需給調整に責任を負う送配電事業者を買取義務者とすることとなった。

送配電事業者が買い取った電気の引き渡し方法は、①卸電力取引市場経由の引き渡し（前日スポット市場）と、②特定卸供給（再エネ事業者と小売電気事業者との間で合意が成立している場合）は、当該小売電気事業者に引き渡すことの二つの方式で取引される。

２０２２年4月1日より、電気事業者による再生可能エネルギー電気の調達に関する特別措置法が改正され、再エネ電気の利用の促進に関する特別措置法が施行された。改正の概要は次の通りで、ＦＩＰ制度へ大きな転換をすることになった。

ＦＩＰ制度は、再エネ自立化へのステップとして、電力市場への統合を促しながら、投

図6　省エネ／再エネ関連の制度の変遷

1973年	1979年	1980年代	1990年代	2000年代	2010年代	2020年代
第一次オイルショック	第二次オイルショック		1993年 気候変動枠組条約締結 1997年 京都議定書		2011年 東京電力福島事故 2015年 COP21 2016年 パリ協定	2020年 2050年カーボンニュートラル宣言 2021年 第6次エネルギー基本計画 2023年 COP28
石油需給適正化法	省エネ法（エネルギー使用の合理化に関する法律）	1980年 石油代替エネルギーの開発および導入の促進に関する法律	1997年 新エネルギー法 1998年 温対法（地球温暖化対策の推進に関する法律） 1999年 グリーン電力基金制度	**2002年 エネルギー政策基本法** 2002年 RPS法（電気事業者による新エネルギー等の利用に関する特別措置法）:2012年7月廃止 **2009年 非化石エネルギーの開発および導入の促進に関する法律** **エネルギー供給高度化法**	**2011年 再エネ特措法** 2012年7月: FIT制度スタート 2013年 原子力新規制基準 2016年 温対法改正 **2018年 非化石価値取引市場開設**	2020年 エネルギー供給強靭化法（6月成立） ・電気事業法改正 ・FIT業法改正（FIP制度） 2021年 改正温対法 地域脱炭素、GHG情報活用 2022年4月: FIP制度スタート 2023年 ・電気事業法改正 ・改正省エネ法 ・エネルギー供給構造高度化法
石油供給確保・使用節減・割当制		省エネ推進 原子力推進	新エネルギー推進支援	**エネルギー基本計画** **再エネ推進進まず**	化石燃料依存度88% 2030年削減目標　対策普及推進+自治体による推進・コンパクトシティ **FIT制度**	2030年 GHG46%削減 2050年 CN　目標 **コネクト&マネージ** **発電所義務・蓄電池** **再エネ評価** **水素・アンモニア・CCS等**

原子力推進（1980年代〜2000年代）
再エネ進まず（2000年代）
再エネ推進（2010年代〜2020年代）
省エネ推進（1980年代〜2020年代）
原子力推進（2020年代）

2003年: 高圧小売自由化	2016年: 小売完全自由化	2020年: 送配電分離

※1957年：原子炉等規制法
　1964年：電気事業法

資インセンティブが確保されるように支援する制度である。発電事業者は自ら売り先（相対取引または市場取引）を決め、かつ、原則計画値（発電販売計画）を提出し、インバランスリスクを負うことになった。

制度設計側では、実質的にＦＩＴ制度同様の収入が得られるはずであることを前提としているが、実際、再エネ発電所の構築を支えるファイナンスについては、金融機関側のハードルが上がり、ファイナンスを得るために、ＰＰＡ[※2-3]等による売電価格の固定化や、アグリゲーター等への実質ＦＩＴ売電と同じ仕組みを選択する等、事業者側の創意工夫が要求される状況となっている。

ＦＩＰ制度の概要は、次の通りである。

① 市場連動型の導入支援

再生可能エネルギー発電事業者の投資予見可能性を確保しつつ、市場を意識した行動を促すため、固定価格で買い取る制度（ＦＩＴ制度）に加えて、新たに市場価格を踏まえて一定のプレミアムを交付する制度（ＦＩＰ制度）を創設した。

ＦＩＰ制度における発電事業者収入は、電力市場での売電価格等にプレミアムを加えたものが基本となるため、市場価格に連動する。

この際のプレミアムは、「プレミアム＝基準価格－参照価格－非化石価値相当額＋インバランスコスト」の算定式で計算される。

基準価格は、ＦＩＴ制度の調達価格と同水準に設定され、交付期間にわたって固定され、参照価格は市場価格をベースに、月毎に機械的に算定される。さらに、非化石価値相当額は、再エネ発電事業者が自ら非化石価値取引を行い、その収入が再エネ発電事業者に帰属することを前提に、非化石価値相当額を割引される。

ＦＩＰ制度の下では、再エネ発電事業者は、通常の発電事業者と同様に、計画値同時同量、つまり、供給する電気の計画値と実績値を一致させることが求められ、計画値と実績値の差分が発生した場合には、その差分調整にかかる費用の負担（インバランス負担）をする。この負担を勘案し、一定の金額（バランシングコスト）を、プレミアムで追加的に手当てするような形で交付することになっており、事業者にとっては、計画値同時同量を

※2－3　PPA（Power Purchase Agreement）
発電事業者と需要家が締結する電力販売契約。オンサイトとオフサイトのモデルがあり、オンサイトは自家消費型、オフサイトは小売事業者を経由して供給するフィジカル方式と、電力は市場に売買して非化石価値のみを移転するバーチャル方式がある（第3章で詳述）。

図7　FIT/FIP制度について

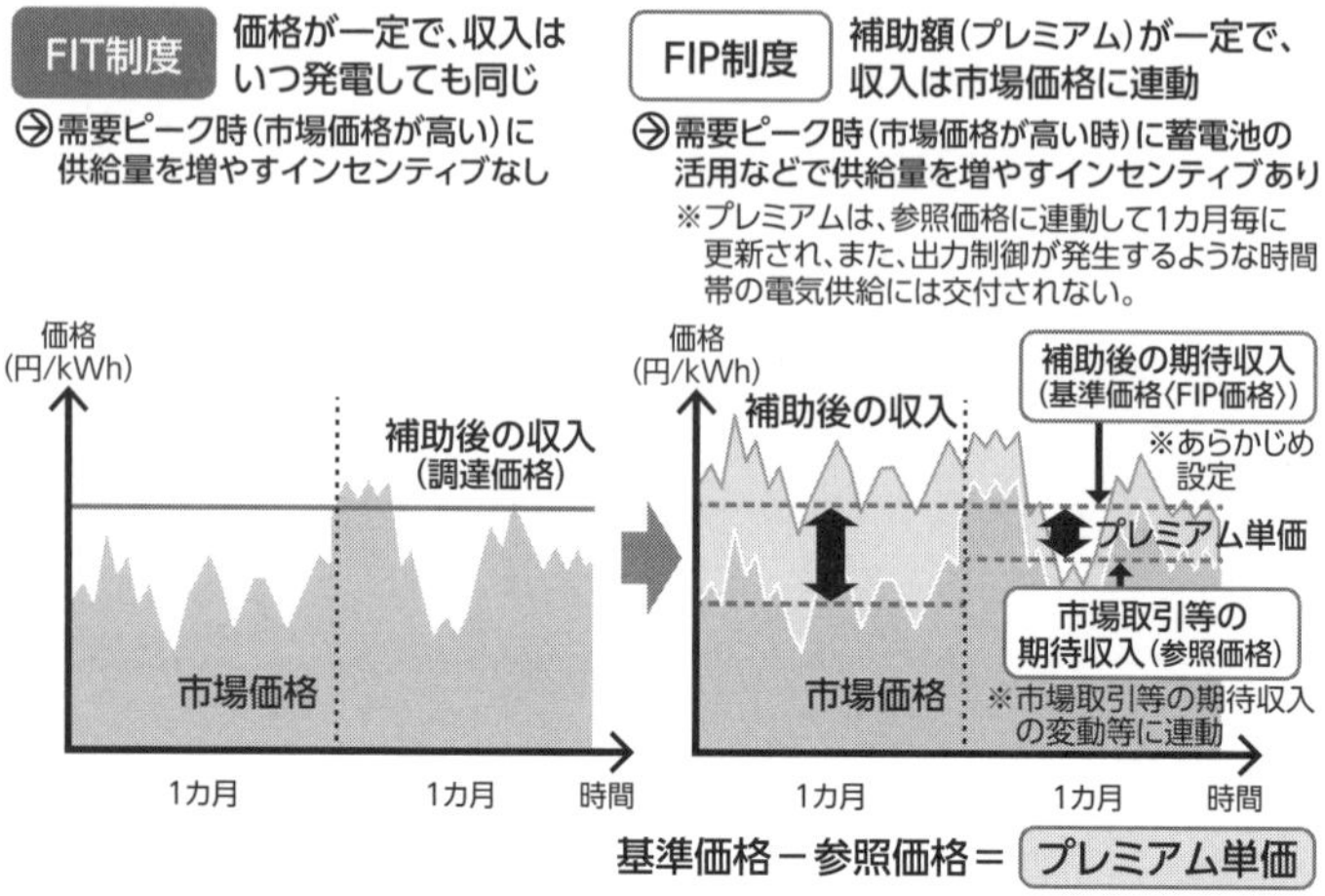

出典：資源エネルギー庁　FIT/FIP制度ガイドブック　2023年

工夫し、そのコストを抑えることで、利益を拡大できる仕組みである。

②　再生可能エネルギーポテンシャルを活かす系統増強

これまで地域の送配電事業者が負担していた、再エネの導入拡大に必要な地域間連系線等の系統増強の費用の一部を、賦課金方式により全国で支える制度を創設。

③　再生可能エネルギー発電設備の適切な廃棄

太陽光発電設備が適切に廃棄されない懸念に対応するため、発電事業者に対し、廃棄のための費用に関する外部積立て義務を課す。

廃棄等費用の確実な積立てを担保するために、10kW以上の全ての太陽光発電のＦＩＴ・ＦＩＰ認定事業（ただし、複数太陽光発電設備設置事業を含む）を対象とし、認定事業者に対して、原則として、源泉徴収的な外部積立を求める制度である。

④　**認定失効制度**

未稼働案件の系統容量を適切に開放し、新規事業者による活用を可能にするため、新たに失効期限を設定。さらに、その2年後である２０２４年4月1日に、再エネ特措法が改正された。

ＦＩＴ制度導入以降、再エネの導入量は増加した一方で、安全面、防災面、景観や環境への影響、将来の廃棄等に対する地域の懸念が高まってきたため、課題解決に向けて、関係措置を盛り込んだ再エネ特措法の改正を含む「ＧＸ脱炭素電源法」が成立した。

再エネ発電事業を行う場合、大規模電源や周辺地域に影響を及ぼす可能性が高いエリアにおいて事業を行おうとする事業者は、ＦＩＴ／ＦＩＰ認定申請前に、改正再エネ特措法に基づく要件を満たす説明会を開催することが必要となった。その他の小規模電源についても、事前周知措置（ポスティング等）を実施することが必要となる。

また、認定事業者の委託先・再委託先に対する監督義務が規定され、認定事業者が再エネ発電事業の一部または全部を他社に委託・再委託する場合、委託先・再委託先に対する必要かつ適切な監督を行う義務を課すこととなった。

さらに、認定事業者が、条例を含む関係法令や、認定計画・認定基準に違反している場合は、FIT／FIP交付金を一時停止する制度が創設された。これにより違反が解消されず、認定取消しに至った場合は、一時停止された交付金を徴収する措置、つまり、返還命令ができるようになった。

太陽光パネルの増設・更新に伴う価格変更ルールも見直され、増設・更新を行う場合、認定出力のうち当初設備相当分は価格を維持しつつ、増設・更新のための追加投資部分は新たな価格を適用する（更新・増設後の設備も含めて当初設備の調達期間等は維持する）支援制度が創設された。また、FIP電源に関わる蓄電池併設等の支援策は強化されていく方向である。

2023年10月1日時点のFIP導入量は、新規・移行認定の全電源の合計で、275件・約986MWであり、風力（343・2MW：14件）、バイオマス（257・3MW：27件）、太陽光（231・5MW：212件）、その他水力と地熱等という内訳となる。

新規認定・移行認定ともに太陽光発電が最も多いが、新規認定では水力発電、移行認定

図8　電力関連市場整備の経過

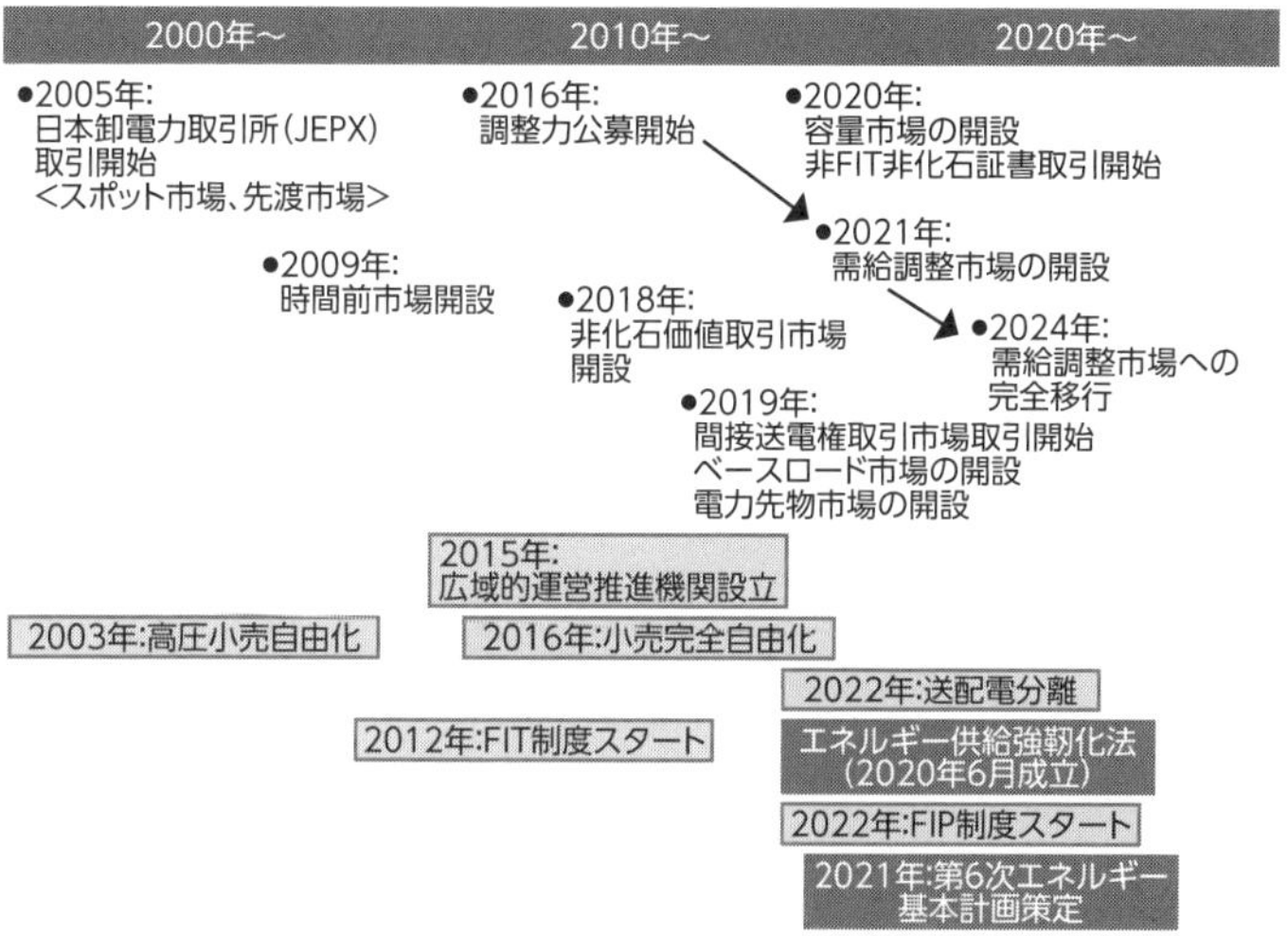

ではバイオマス発電の利用件数が多い傾向である。

以上の通り、余剰買取制度から始まり、その後のＦＩＴ制度の創設以降、さまざまな制度変更が行われ、ＦＩＰ制度への移行がなされた。その背景として、再エネ賦課金の国民の費用負担が大きくなるという問題への対応や、地域と共生した再エネ導入拡大を図る等、カーボンニュートラル実現のためには、今後も多くの課題があると考える。

発電所の適地が減少し、一方で規制の強化等もあり、かつ、オンサイトでの再エネ発電の今後の拡大については、実際のところペロブスカイト等のテクノロジーの進化を待っている状況である。

今後、制度見直しや規制緩和、テクノロジーへの投資等、国として実施するべき点はまだまだあり、日本が先進国のなかで取り残されないためにも、大きな変革を期待したいところである。

2-2 非化石価値市場の動向と方向性

2018年5月に、非化石証書市場は、一般社団法人日本卸電力取引所（JEPX）によって創設され、非化石燃料由来の電気の取引を後押しすることを目的として、順次制度が整備されてきた。

日本における非化石価値は、グリーン電力証書、Jクレジット、非化石証書が主なものになる。非化石証書は、非化石証書市場で取引され、小売事業者や需要家サイドのニーズや非化石価値を取り巻く環境の変化に応じて変遷してきた経緯がある。

非化石証書は、再エネや原子力発電などの非化石電源で発電された電力が持つCO_2排出ゼロの環境価値の部分を分離して取引ができるように証書化したものになる。2018年から日本卸電力取引所が取引市場を創設し、同年5月から取引が開始されており、カーボンニュートラルのニーズの高まりを背景に、2021年11月から、小売電気事業者だけでなく、一般企業などの電力需要家も非化石証書の取引が可能となっている。

2018年5月：非化石価値取引市場の創設、FIT非化石証書初回オークション、取

引開始

2019年2月：FIT非化石証書のトラッキング実証開始

2019年11月：卒FITの非化石証書化開始

2020年4月：非FIT電源の全証書化

2021年11月：電力需要家や仲介事業者における非化石証書を直接購入開始
再エネ価値取引市場、高度化法に基づく市場（高度化義務達成市場）の創設。FIT電源は再エネ価値市場で取引し、高度化法義務達成市場では非FIT非化石証書のみを扱う方式に変更
FIT非化石証書の全量トラッキング開始。非FIT非化石証書のトラッキング順次開始
最低価格を1・3円／kWhから0・3円／kWhに大幅に引き下げ

2022年8月：トラッキングの運営主体が、JEPXに移管

2023年度：FIT非化石証書の最低価格が0・3円／kWhから0・4円／kWhに変更

2024年8月：非化石証書　全量トラッキング開始

図9　非化石価値一覧について

種別	グリーン電力証書	Jクレジット	非化石証書
発行者	グリーン電力証書発行事業者	国(経済産業省、環境省、農水省共同運営)	OCCTO/発電事業者(元々はGIO:低炭素投資促進機構)
対象エネルギー	太陽光、風力、水力、地熱、バイオエネルギー	同左	同左+原子力
対象発電設備	日本品質保証機構から認定を受けた発電設備	Jクレジット制度認証委員会が承認した発電プロジェクト	FIT発電設備 非FIT発電設備 (再エネ指定、指定なし)
対象購入者	企業・自治体	同左	小売電気事業者 企業・自治体 購入代行仲介事業者
購入方法	発行事業者から購入	・入札で購入 ・Jクレジット保有者または仲介事業者から購入	非化石証書市場で購入 発電事業者から購入
発行量	累計　約54億kWh	累計　約560万t-CO_2 (100億kWh以上)	2021年度 FIT:約1,100億kWh 非FIT:約770億kWh
価格	7円/kWh	0.7円−1.51円/kWh	FIT非化石証書:最低価格0.3円/kWh(※0.4/kWhに上昇) 非FIT非化石証書:最低価格:0.6円/kWh
償却期限	なし(購入後いつでも償却可)	同左	発行した年度内

２０１６年にエネルギー供給事業者による非化石エネルギー源の利用および化石エネルギー原料の有効な利用の促進に関する法律（高度化法）が見直され、小売電気事業者（大手電力・新電力）は、非化石電源比率目標（２０３０年度）が44％以上となり、非化石電源を持たない事業者や取引所取引の割合が高い新規参入者にとっては目標達成が困難となった。そのため、２０１７年２月に非化石価値取引市場創設が決定された。

非化石価値取引市場の意義は、非化石電源の価値を顕在化させると同時に、小売電気事業者の非化石電源調達目標（２０３０年度44％）の達成を後押しすることになった。一方で、電力需要家にとっては、消費

図10　非化石市場について

■再エネ価格の取引【再エネ価格取引市場】

・RE100等の再エネ電気への需要家ニーズの高まりに対応するため、①**需要家の直接購入を可能**とし、②**価格を引き下げる**ことで、グローバルに通用する形で取引できる2021年11月に創設。
・小売電気事業者および需要家が購入可能
・取引対象は「FIT電源」
・2021年度から**全量トラッキング**※（※RE100へ活用するためには、発電所の位置情報等のトラッキングが行われている必要あり）。

■高度化法義務の達成【高度化法義務達成市場】

・小売電気事業者のみ購入可能
・取引対象は「非FIT電源」
・2022年2月よりトラッキング開始済

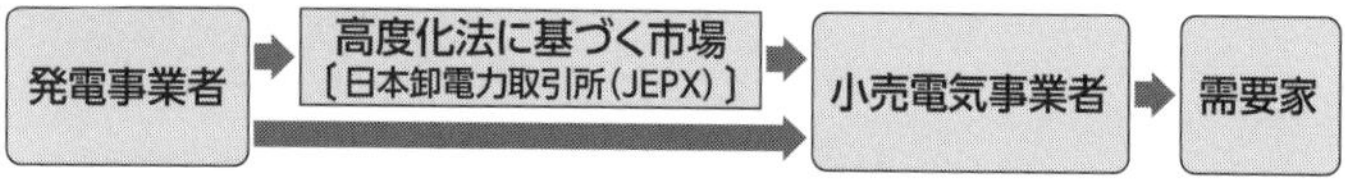

出典：資源エネルギー庁　非化石価値取引について　(2023年9月)

電力の非化石化やＦＩＴ賦課金の軽減につながり、また、発電事業者にとっては、非化石電源の設備投資等への活用などの利点をもたらすこととなった。

その後、カーボンニュートラルの流れのなかで、需要家のニーズがより効率的かつ安価に非化石価値を入手できる仕組みを要望した結果、再エネ価値取引市場ができた。

国際的に認められる非化石価値を少しでも安く調達したい、直接非化石証書を購入したいという需要家からの意見や、発電所のトラッキングができる証書がＦＩＴ非化石証書のみとなっていたことが、解決する市場の創設に至った経緯である。

非化石証書のトラッキングスキームは、

2019年2月より実証事業として開始された。これにより、購入されたFIT証書の由来となる電源種や発電所所在地等の属性情報を明らかにすることが可能となった。当該証書は、国際的な再エネ導入拡大を進めるイニシアチブであるRE100[※2-4]に活用できるようになった。

非FIT証書についても、2021年8月の21年度初回オークションで実証を開始し、相対分も実施された。また、本スキームの運用は、前述の通り、2022年度初回オークションより日本卸電力取引所にて本格的に運用を開始した。

ここで、RE100の要件について、少し深掘りし、非化石証書におけるトラッキングを含めた需要家側の対応の変化について言及したい。

2022年10月に、RE100における技術要件、つまり、再エネの調達手法などを定める技術要件が改定された。これにより、2024年1月以降に調達する電力に対し、新たな要件が追加されている。従来の需要家の再エネ調達手法の分類はそのまま適用される

※2-4　RE100
企業が加盟できる国際的なイニシアチブであり、事業で利用するエネルギーを100%再生可能エネルギーにすることを目標としている。

が、追加要件や免除措置等で要件が追加されている。

1　再エネの自家発電
2　再エネ発電事業者との直接契約（フィジカルPPA・バーチャルPPAなど）
3　電力供給者との契約（グリーン電力商品）による調達（電源特定メニューや、通常の小売メニュー）
4　再エネ証書のみの調達

2024年1月以降の調達電力に適用される追加要件は、新たな再エネ電源を増加させることを目的として、再エネ由来の購入電力については、運転開始日（試運転日）またはリパワリング日から起算して15年以内の電源からの調達が必要となった。15年という考え方は、RE100に報告する対象年の1月1日を起点に計算する。例えば、2025年（1～12月）での再エネ調達では、2010年1月1日以降の再エネ電源由来であることが必要である。

免除措置として、追加要件については、次の調達の場合であれば適用外となる。

・再エネの自家発電
・系統接続のない自営線による再エネの直接調達
・15年以上の経過案件であっても、長期契約のプロジェクトとして当初から参画している案件（対象例：フィジカルPPA・バーチャルPPA、電源特定契約、電源特定した証書のみの調達）
・2024年1月以前に締結した契約

また、需要家の年間の電力使用量のうち15％までは、上記の15年以内の要件を満たさない再エネ電力や証書の使用が例外的に認められる。

トラッキングの話に戻るが、前述の通り、FIT非化石証書は全量がトラッキングされており、非FIT証書のうち「再エネ指定あり」についてはトラッキングが可能である。

そもそも非化石証書は発電した電気と環境価値を切り離している。どの発電所で発電した電力に対する非化石価値かがわからないため、トラッキングにより非化石証書に対して、どこの発電所で発電された電気なのかがわかる情報を付与することが必要になった。

FIT証書のトラッキング割当量は、2023年8月分オークションで、53億kWhとなり、トラッキング需要およびトラッキングの参加事業者数は確実に増加している。今後も同様に推移していくだろう。

非化石証書の課題は、トラッキングの価値化がなされていないという点や、後述の通り、優先割当のルールにより、任意割当の割合が全体の35％と少なくなっている点等であり、今後見直されることが想定される。

購入した非化石証書のトラッキングは、現状では無償で行われており、非化石証書約定価格には、非化石電源の属性（電源種、所在地等）に応じた価値の違いは反映されていない。

ＦＩＴ電気の取引は、現行制度の下で、小売電気事業者は市場を介することなく、特定のＦＩＴ電源から電気を調達することが可能となっており、その方式は次の二つである。

①　小売買取方式：２０１７年開始の全量送配電買取制度以前に、小売事業者が買取していたものが継続している案件

②　再エネ特定卸供給方式：一般送配電事業者が発電事業者から買取したうえで、契約に基づき、特定の小売事業者に供給する案件

この方式における電力取引では、ＦＩＴ電気の属性情報と、環境価値（ＦＩＴ証書）の

図11　RE100の実現方式について

「RE100」は、加盟企業が調達する自然エネルギーの電力を規定する「技術要件（Technical Criteria)」を10月24日に改定した。
RE100に加盟している企業は2024年1月以降に調達する電力に対して新しい要件を適用することが求められる。2024年1月よりも前に締結した契約は例外扱いとなる。結果、RE100に提供できる調達手段は下記の通り整理される。

調達手段	実現方式	新ルールの制約 運転開始から15年以内の制限
自家発電	自家消費、自己託送	制限なし
フィジカルPPA	オンサイトPPA オフサイトPPA	制限なし 新設・長期契約は制限なし
バーチャル(ファイナンシャル) PPA	バーチャルPPA（環境価値移転）	同上
特定供給	小売供給メニュー ※新設発電設備の非化石証書セット販売	同上
小売供給	小売供給メニュー トラッキング付き非化石証書セット	制限あり
属性証書	トラッキング付非化石証書 グリーン電力証書 Jクレジット（再エネ発電）	制限あり 新設・長期契約は制限なし

◆運転開始日について
RE100に報告する対象年の1月1日を起点に計算。2024年の報告は、2009年1月1日以降に運転を開始した発電設備が該当する。
◆長期契約について
具体的な契約年数の規定はない。発電設備の運転開始時に契約した購入者だけが対象となる。

属性情報（トラッキング情報）が異なる場合、小売事業者が需要家に再エネ価値を訴求する際に、無用な誤解や混乱を招く可能性があるため、属性情報（トラッキング情報）が一致するように、当該小売買取義務者または特定卸供給者に対して優先的に属性情報を割り当てる「優先割当ルール」が適用されている。

この方式以外、つまり、市場供出分で個別合意がある取引において、希望する小売事業者へ任意にトラッキング情報の割当可能な量は、FIT証書全体の35％しかない状況である。FIT証書の全量トラッキングの制度において、特定属性の環境価値へのニーズがＦＩＴ証書のトラッキングについても、市場を通じた最適配分を行うことが求められており、今後、経過措置のあり方や制度の見直しが図られていくであろう。

一方で、非ＦＩＴ非化石証書については、高度化法対応市場において、一部の大口買い事業者としては一定の取引がある。再エネ指定なし・指定ありともに、２０２４年2月のオークションでは、約定量は、3億 kWh、9億 kWh と激減しており、調達形態が市場取引ではなく、より確実な相対取引に傾倒しているのが現状である。

非化石価値は、今後のカーボンニュートラル推進のなかでは、より価値が上がっていくと想定され、特に、法人需要家が、市場での生き残りを懸けて、電力の再エネ化を図っていく手段の一つとして重要な価値となりうるであろう。

また、サプライチェーンにおけるカーボンニュートラル推進においても、今現在はニーズが少ない中堅企業以下の需要家でも、その価値は有効に利用されると考える。

日本においては、非化石価値の活用も含め、カーボンニュートラルに向けてあらゆる手段を用いて実現への道筋をつけていくことになるであろう。

2-3 電力の供給力確保と問題点

ここでは、カーボンニュートラルに向けて再エネ等分散電源が増加する一方で、従来の火力発電の撤退が増加していくなか、電力の安定供給をどのように保持していくかという観点から制度等を見ていくことにする。

2020年から開設された容量市場は、電力量（kWh）ではなく、将来の供給力（kW）を取引する市場である。将来にわたる我が国全体の供給力を効率的に確保する仕組みとして、発電所等の供給力を金銭価値化し、多様な発電事業者等に市場へ参加してもらうことで供給力を確保する仕組みとなっている。

電力の小売全面自由化の進展とカーボンニュートラルを目指すうえでの再エネの導入拡大と卸電力市場の取引拡大・市場価格の低下により、発電事業者の電源の投資予見性の低下が懸念されているなか、電源投資が適切なタイミングで行われなくなり、電源の新設・リプレース等が十分になされない恐れがある。その結果、中長期的な供給力不足が顕在化することが予想されている。

電源開発には一定のリードタイムを要することから、需給が逼迫《ひっぱく》する期間に電気料金が

図12　容量市場の必要性について

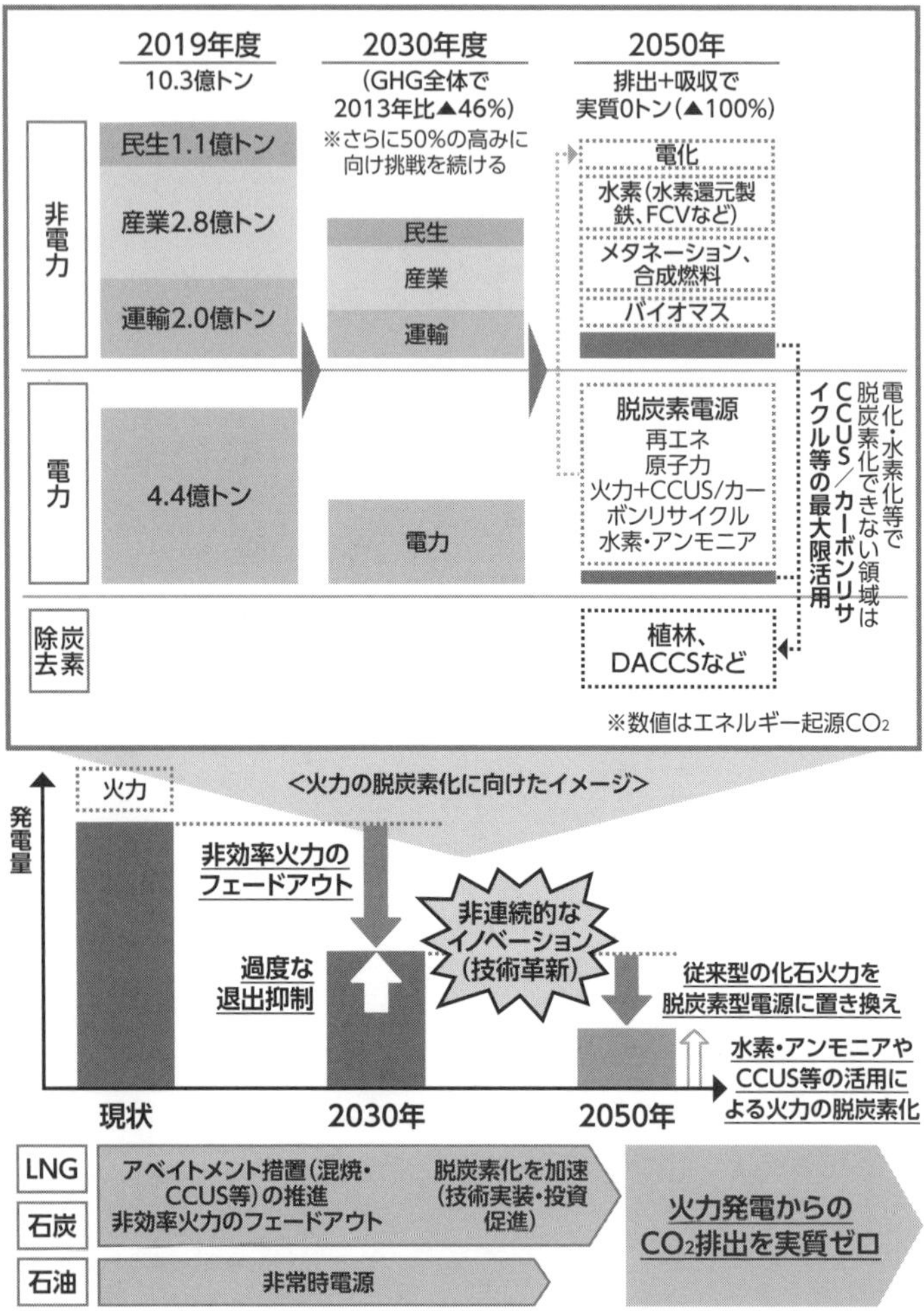

出典：資源エネルギー庁　資料よりマージして作成

高止まりするといった諸問題が生じる可能性が高くなる。

容量市場の導入の目的は、電源投資が適切なタイミングで行われ、あらかじめ必要な供給力を確実に確保することにある。卸電力市場価格の安定化によって、電気事業者の事業運営が安定し、さらには需要家側にもメリットをもたらすことになる。


ちなみに、経済産業省の資料によると、2021～2025年の間で1780万kW、2026～2030年の間で1122万kWと、2016年からの累計で、新規発電所の容量を加味した場合でも、実に3076万kWの火力供給力が減少することになる。

容量市場の運営主体は広域機関であり、実需給期間の4年前に全国で必要な供給力を一括して確保する。広域機関はオークションを開催して、落札電源と約定価格を決定し、実需給期間に全ての小売電気事業者から容量拠出金を徴収し、発電事業者等（落札電源）に容量確保契約金額を支払うという仕組みになっている。発電事業者等はオークションに応札し、落札した場合は供給力を提供し、小売電気事業者は、自社の需要ピークの分担に応じた容量拠出金を広域機関に支払う制度となる。

この容量拠出金を支払うことが、小売電気事業者の供給力確保の義務を果たすことになる。

容量市場では、供給力を提供できる全ての電源等が任意で参加できる。任意ではあるものの、発電事業者等の多くは、リクワイアメントとペナルティの想定額等を踏まえて、容量市場への参加を選択することになる。

容量市場に参加しない場合や落札できなかった場合は、容量確保契約金額は受け取れないが、容量市場（kW価値）に参加して落札した電源等であっても、別の価値を扱う市場（卸電力市場〈kWh価値〉や需給調整市場〈ΔkW価値、およびkWh価値〉）に参加することが可能となっている。

また、相対契約を締結している電源等も容量市場に参加することができる。小売電気事業者は相対契約を締結していても容量拠出金の支払いが必要となるため、相対契約を締結している発電事業者等は、相対契約を踏まえたオークションの参加判断が必要となる。

電源の参加については、電源とＤＲ（デマンド・レスポンス）の区分に大別される。期待容量／計量単位１０００kW以上の単独電源（火力・原子力等の安定電源、太陽光・風力等の変動電源を含む）と、期待容量／計量単位１０００kW未満の発動指令電源（太陽光・風力等の変動電源アグリゲートを含む）に細分化される。

期待容量１０００kW未満の電源については、アグリゲート等により１０００kW以上の供

図13　容量市場概要について

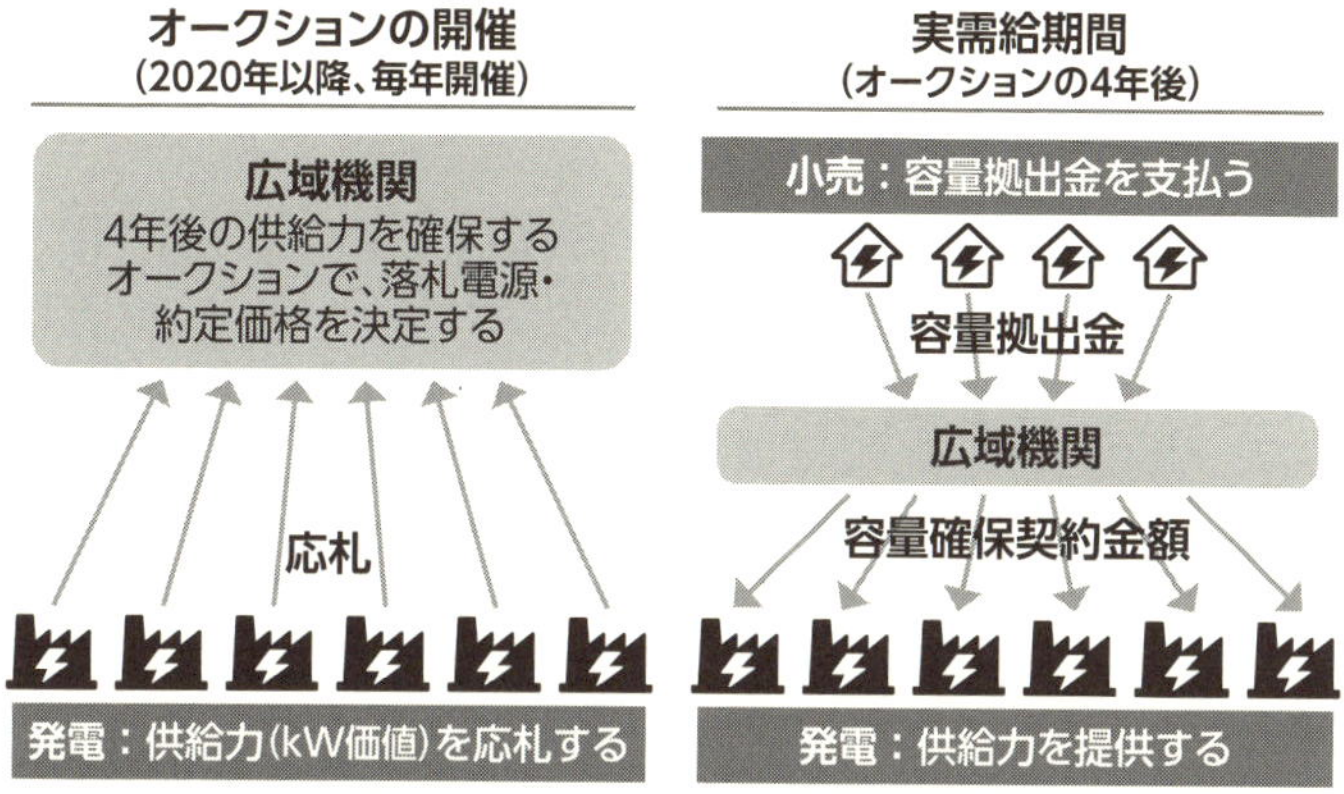
オークションの開催
(2020年以降、毎年開催)
広域機関
4年後の供給力を確保する
オークションで、落札電源・
約定価格を決定する
応札
発電：供給力(kW価値)を応札する
実需給期間
(オークションの4年後)
小売：容量拠出金を支払う
容量拠出金
広域機関
容量確保契約金額
発電：供給力を提供する

安定電源	変動電源		発動指令電源
	変動電源(単独)	変動電源(アグリゲート)	
計量単位の期待容量が1,000kW以上の安定的な供給力を提供するもの	**計量単位の期待容量が1,000kW以上**の供給力を提供するもののうち、自然変動電源に該当するもの	**計量単位の期待容量が1,000kW未満の電源**のうち、自然変動電源を組み合わせることで、期待容量が1,000kW以上の供給力を提供するもの	**計量単位の期待容量が1,000kW未満の電源・安定的供給力を提供できない自家発・DR**などを単独または組み合わせることで、期待容量が1,000kW以上の供給力を提供するもの
(例) ●火力、原子力 ●大規模水力(揚水式、貯水式、一部の自流式) ●地熱・バイオマス・廃棄物	(例) ●水力(一部の自流式) ●風力 ●太陽光		(例) ●DR ●自家発 ●蓄電池 ●その他

出典：資源エネルギー庁　資料よりマージして作成

給力を提供できる場合、発動指令電源として容量市場に参加することができるが、太陽光・風力等の自然変動電源の場合は変動電源（アグリゲート）としての参加となる。

1地点複数応札（安定電源＋発動指令電源）について、2022年度（対象実需給年度：2026年度）以降のメインオークションでは、安定電源における取引規定が変更になっている。契約容量まで供給力を提供してもなお、需給逼迫時に当該契約容量を超えて発動指令電源として供給力を提供できる場合は、1計量単位にて安定電源に加えて発動指令電源の1リソースとしても参加可能となった。

また、DRは、アグリゲート等により期待容量1000kW以上の供給力を提供できる場合、発動指令電源として容量市場に参加することができる仕組みである。

実需給期間にFITの適用を受けて、FIT制度において固定費を含めた費用回収が行われている電源は、容量市場に参加することは不可となる。FIP制度による適用期間が実需給年度と重なるFIP電源は、FIT電源に準拠して同等の扱いとなる。

なお、発動指令は一般送配電事業者は、広域予備率が8％未満になると想定される場合に送出され、その場合、事業者は相対契約に基づく小売電気事業者等への供給や卸電力市場等への応札を行う必要がある。また、発動指令後、供給量確定前・市場約定前であっても発電計画値および需要抑制計画値を速やかに変更する必要がある。

発動指令電源は、年間発動回数12回、指令応動3時間、発動後の継続時間3時間が、リクワイアメントとなっている。発電指令に応じて提供した供給力が、アセスメント対象容量（容量確保契約容量）を満たしていたかを30分単位で確認することになる。不足した容量はリクワイアメント未達成量となり、ペナルティが発生する。

なお、発動指令電源は、リクワイアメントを達成できることが前提となるが、発動指令を受けていない場合においては、事業者の任意で後述する需給調整市場への応札も認められている。

各小売電気事業者の容量拠出金は、主に、エリアの最大需要発生時における小売電気事業者のkW実績とオークションの約定価格で決まることとなり、発電事業を保有しない小売電気事業者のほとんどは、拠出金を需要家の料金に転嫁し、kWまたはkWh課金を実施することになった。また、本拠出金の負担軽減のため、小売事業者は自社の需要家のロードカーブについて、需要家の選定等の工夫をして、少しでも拠出金の負担を軽減させようとする動きもある。

本容量市場においても脱炭素化は求められている。2021年の供給力確保の結果、1・8億kWのうち7割が化石電源であることを踏まえ、脱炭素電源を確実に確保していく

図14　長期脱炭素電源オークション概要について

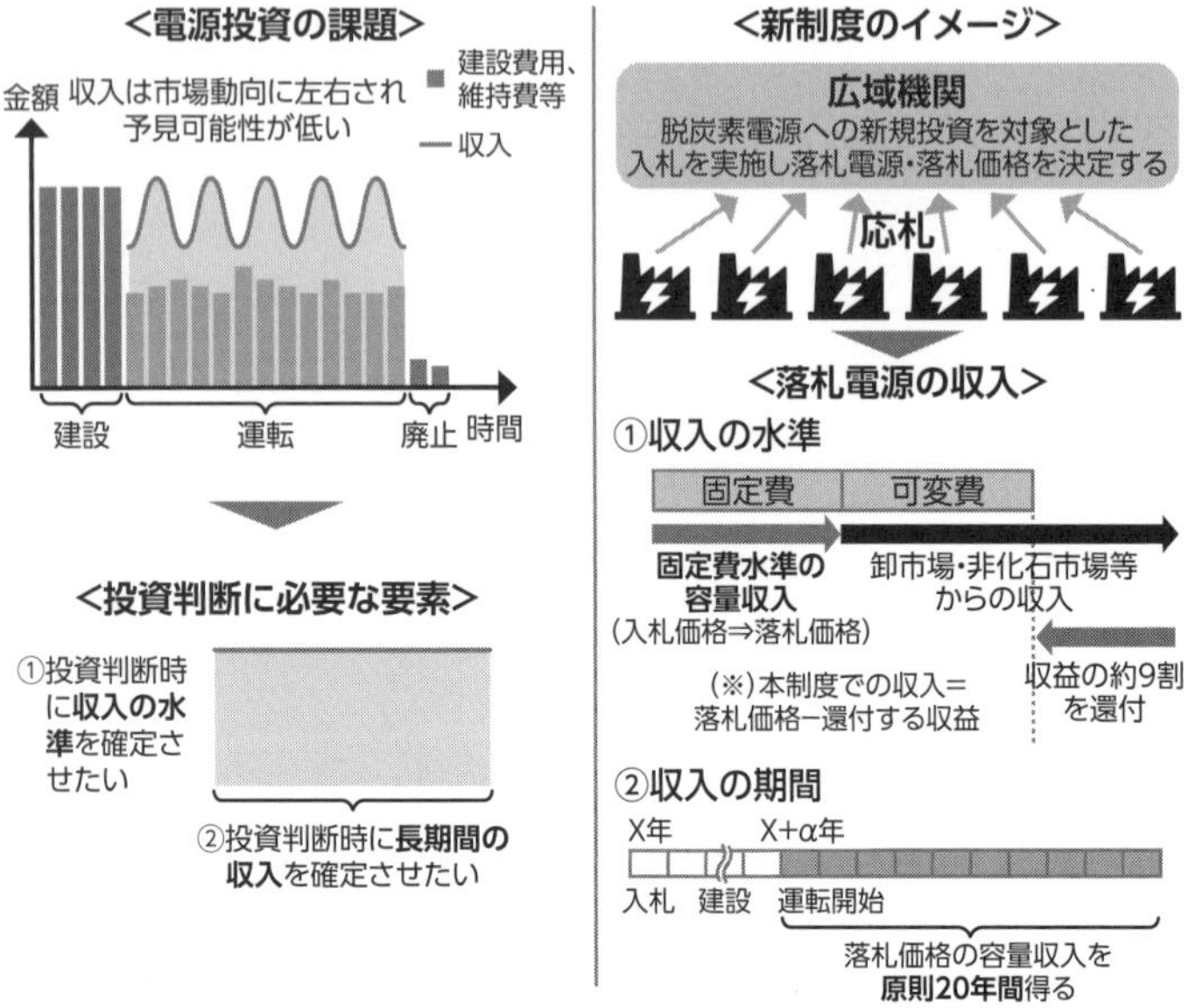

出典：資源エネルギー庁　長期脱炭素電源オークションについて（2024年5月27日）

ために、2023年より長期脱炭素オークションが追加された。

　前述の7割の約1・2億kWの化石電源を全て脱炭素電源に置き換える場合、年平均で600万kW程度の導入が必要となるが、本オークションでは、2023年度の脱炭素電源の募集量は、400万kWとなった。

　脱炭素電源の対象としては、水素・アンモニアの専焼・混焼の火力、バイオマス、蓄電池、水力、地熱・原子力・太陽光／風力等となり、既設火力の改修案件（水素またはアンモニア混焼およびバイオマス専焼）および蓄電池と揚水は、それぞれ100万kWが募集上限となった。

また、脱炭素電源とは別に、LNG専焼火力は、2023~2025年の3年間で600万kWの募集量が設定された。

追加オークションにおいて、広域機関は、リクワイアメントの達成状況に応じて落札事業者に原則20年間、容量確保契約金額を支払うことになっているが、一方で、事業者からは、国民負担を軽減させる方向性から、他市場収益の約9割の金額を還付することになる。

新規参入組は、蓄電池への応札が多く、かなり低い単価で落札されており、事業者側も、自社で事業に必要な要素を全て提供できるように原価低減の仕組みづくりを要求される結果となった。

大規模災害等に備えた供給力確保のための予備電源制度の制度設計が開始され、高経年火力を念頭に、容量市場のオークションに2年連続不落札または未入札の電源をベースに、短期では公募により、長期は追加オークションにより確保をしていくことになった。

調達方式は、事業者提案による総合評価方式を採用し、東西のエリア毎に、毎年度設定される募集量について、最大3年間の適用期間で調達することになる。しかしながら、2

024年10月時点での応札はゼロであり、さらなる制度設計の修正が求められる状況となっている。

今後、日本におけるカーボンニュートラルの進展においては、再エネを含めた分散電源が大きく増加し、安定した供給力がますます重要になることは間違いなく、変動電源である再エネ由来の供給力をいかに増やすかという大きな課題がある。

この解決には、電気本来の特性に対処するための、また、送配電網の制約を考慮した運用ができる仕組みづくりのため、オンサイト電源の拡大や蓄電池のキャパシティの大幅な拡大等が必要になると想定される。

テクノロジーの進化とともに、本スキームの構築はより容易になっていくと考えるが、現状では、その仕組みづくりの助走期間として、現行の制度において新規事業者が多く参加できる仕組みを支援していく必要がある。

2-4 需給調整力への対応と課題

日本における電力の安定供給は、各エリアの大手電力の送配電部門が、必要な調整力確保と需給バランスの調整を担ってきた。しかし、２０１６年度からはライセンス制に基づき一般送配電事業者（ＴＳＯ）[※2-5]が役割を継承し、２０１７年からは公募という形で調達をしてきた経緯がある。これを踏まえ、より効率的な調達のために、**調整力公募**[※2-6]方式に代わるものとして、２０２１年に需給調整市場が創設された。

一般送配電事業者が電力供給エリアの周波数制御、需給バランス調整を行うために、公平な取引や過大なコスト負担を十分考慮したうえで、必要な調整力を確保することが重要

※2-5　ＴＳＯ（Transmission System Operator）
送電系統運用者のこと。日本においては一般送配電事業者が該当する。

※2-6　調整力公募
一般送配電事業者が供給エリアにおける周波数制御・需給バランス調整等アンシラリーサービスに必要な調整力を確保するために、公募によって調整力を調達する制度。一般送配電事業者が調整力として活用する電源には、大きくは、電源Ⅰと電源Ⅱがあり、中央給電指令所指示における発動時間により、-a、-b、，の3種類に分類されている。電源Ⅲという種別もあり、中給からオンライン指令できないものをいう。

である。
２０１６年度より「一般送配電事業者が行う調整力の公募調達に係る考え方」に従い、各エリアのＴＳＯにおいて調整力の公募を実施してきたが、効率的な需給運用の実現を目指すため、ＴＳＯ９社は２０２１年４月１日に「需給調整市場」を開設するに至った。これにより、市場運営者である各エリアのＴＳＯは、調達を希望する調整力の必要量を提示し、調整力の提供事業者は当該必要量に対して入札する。

需給調整市場の商品は、２０２１年度に三次調整力②、２０２２年度に三次調整力①が、順次導入され、２０２４年度からは一次調整力・二次調整力①・二次調整力②を導入し、全ての商品区分で市場取引を開始し、商品設計について見直しがされている状況である。

三次調整力②は、ＦＩＴ対象の再エネの発電予測誤差を補う商品であり、応動時間45分以内、継続時間3時間（２０２５年度より入札単位が3時間ブロックから30分ブロックに変更、応動時間も60分以内に変更）となっており、取引については、入札受付期間を実需給断面の前日12～14時とし、約定処理は実需給断面前日の15時までに行われる。

三次調整力①は、応動時間15分以内、継続時間3時間（２０２６年から30分ブロックに変更予定）、二次調整力①②は、応動時間5分以内、継続時間30分以上、一次調整力は、応動時間10秒以内、継続時間5分以上の商品となっており、取引スケジュールは次の通りとなる。

週間商品（一次～三次調整力①）の取引は、取引実施日の週の土曜日からその次の金曜日に調整を行うことができるΔkWの売買を行う。入札受付期間は実需給日に対応する前週月曜日の14時から前週火曜日の14時までとし、約定処理は毎週火曜15時まで行われる。

２０２４年6月時点の需給調整市場の課題は、全商品において応札不足しているということ、エリアにより差はあるものの三次調整力②の調達コストが大幅に高くなっている等である。

一次・二次①・二次②・複合商品については、２０２４年3月26日に初回取引が実施され、既存の三次①・三次②を含め、取引自体はシステムトラブル等もなく、実施されている。しかし、初回取引から現在に至るまで、全商品において応札不足が続いている状況であり、一次・二次①は70～80％程度、二次②は20～30％程度、三次①は50％程度、複合商品は60％程度、三次②は40～70％程度の不足率となっている。

また、調達費用のうち、三次②の調達費用は、エリアによって傾向は異なるものの、高価な火力、蓄電池、ＤＲリソースが調達費用を押し上げる要因になった。一部のエリアにおいては、すでに２０２３年度年間総額に相当する規模の費用が積み上がるという問題が

図15　需給調整市場について

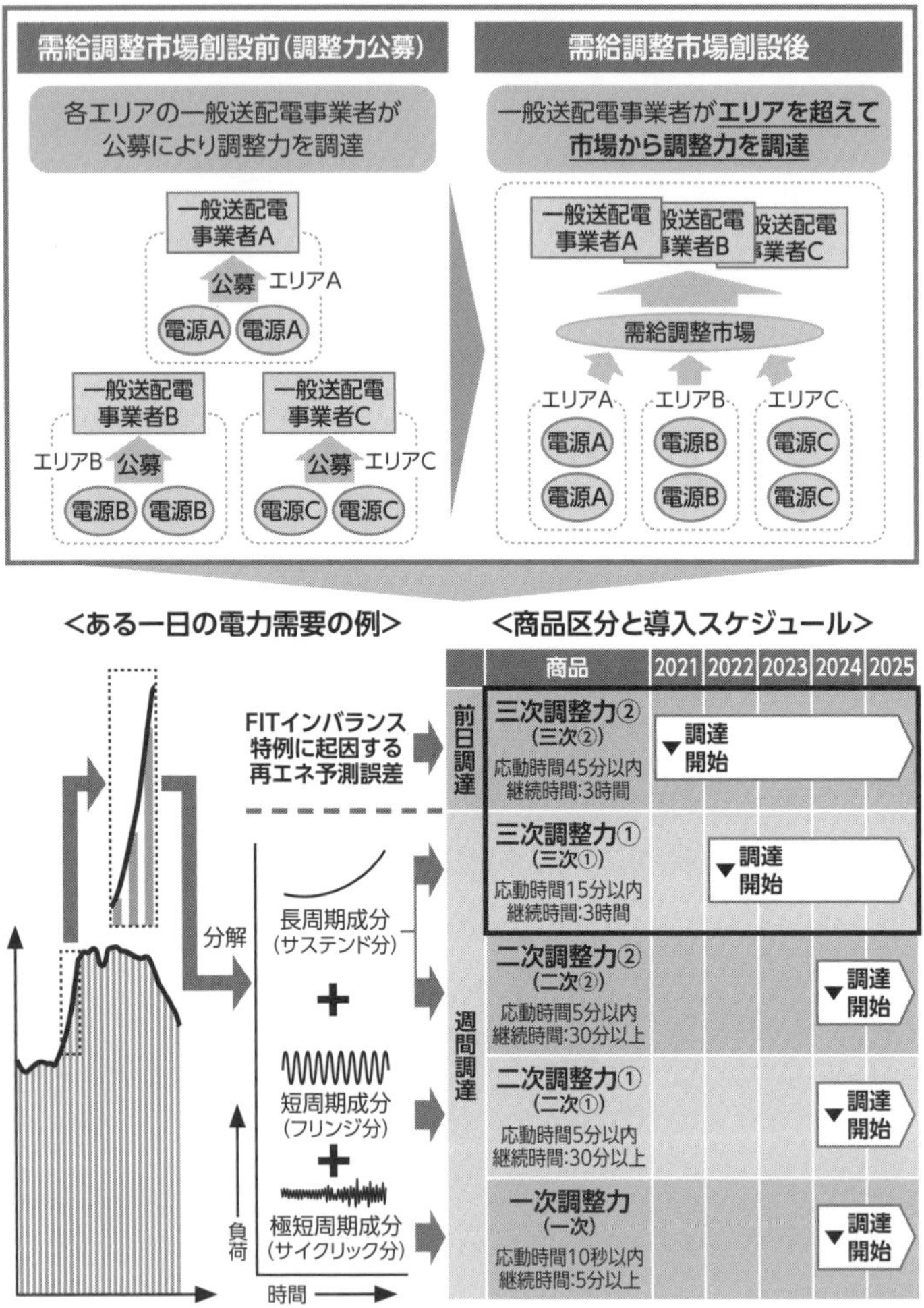

出典：資源エネルギー庁　需給調整市場について（2022年12月21日）

発生している。

この需給調整市場全面運開直後より全商品において応札不足が顕在化していることは、市場あるいは事業者の習熟度が上がっていない等の理由によって、競争がしっかり働いていないことに原因があると思われる。応札不足・価格高騰等多くの課題を抱えた状態にある。

制度設計サイドは、この足元の重篤な課題を解消するため、「応急対策」適用により致命傷を防ぎつつ、市場として本来あるべき姿を目指すことを基本的な考え方としている。「応急対策」適用の条件としては、二つの観点が重要になる。

観点①：重篤な課題に対し、早急かつ効果的な（致命傷を防ぐ）対策となっていること
観点②：市場として本来あるべき姿を目指すディスインセンティブとならないこととし、後述する同時市場の設計等を含め、今後継続的な改善策の検討をしていくこと

需給調整市場は、カーボンニュートラルを今後推進するうえで、変動する再エネ等の分散電源が増加する前提においては、非常に重要な役割を担うことになる。

また、調整力のあり方についても、カーボンニュートラルな、つまり、再エネ由来の調整力を確保することを含めて検討していく必要があるのではないだろうか。

もちろん、この方向性においては、カーボンニュートラルに向けた世の中のニーズの増大や制度設計の対応、再エネや蓄電池のテクノロジーの進化といった要件を満たすことが必須である。2030年や2050年に向けた、中長期的なマイルストーンのなかで、順次推進をしていく必要がある。

2-5

電力市場の今後を担う同時市場とは

現在の日々の電力取引運用においては、小売電気事業者が電力を調達するＪＥＰＸ（日本卸電力取引所）のスポット市場・時間前市場と、一般送配電事業者が日々の調整力を確保する需給調整市場があるが、スポット・時間前市場は、kWh（電力量）を取り扱い、需給調整市場はΔkW（調整力）を取り扱う形で、それぞれが独立した運用となっている。この形態の場合、それぞれの市場が独立して電源確保を行う傾向が強くなり、たとえ電源に余裕がある場合でも、売り切れが発生する。そのため、電源コストの高騰を招く要因の一つになっていると考えられてきた。

今後、変動電源である再エネ電源が大量に導入され、需給運用の困難さが増すと、これらの課題はさらに拡大することが予想される。２０５０年のカーボンニュートラルの達成のために、この課題に対応していく必要がある。Ｓ＋３Ｅの大原則の下で、カーボンニュートラルと両立させるためには、それに対応する電力システム・電力市場の仕組みの見直し・アップデートが必要となる。

目指すべき姿を検討するため、電力の安定供給の確保および持続可能、効率的かつ公正

図16　電力関連市場の整理

項目／市場	スポット	先渡	時間前	間接送電権	ベースロード	電力先物	非化石価値	容量	需給調整
電力価値	kWh	kWh	kWh	エリア値差	kWh	将来のkWh	非化石価値	kW	ΔkW kWh
売り手	発電事業者 小売電気事業者 アグリゲーター	発電事業者 小売電気事業者	発電事業者 小売電気事業者 アグリゲーター	発電事業者 小売電気事業者	発電事業者 小売電気事業者	発電事業者 小売電気事業者 金融機関・投資家会社	低炭素投資促進機構（GIO） ※広域機関に移管	発電事業者 DR 事業者	発電事業者 DR 事業者
買い手	発電事業者 小売電気事業者 アグリゲーター	発電事業者 小売電気事業者	発電事業者 小売電気事業者 アグリゲーター	発電事業者 小売電気事業者	発電事業者 小売電気事業者	小売電気事業者	小売電気事業者 仲介業者 需要家	広域機関	一般送配電事業者
取引場所	JEPX	JEPX	JEPX	JEPX	JEPX	東京商品取引所	JEPX	容量市場	需給調整市場
取引対象	電力 kWh	電力 kWh	電力 kWh	エリア間値差の補填予約	BL 電源で発電した電気 kWh	将来のスポット市場における売買価格	FIT 非化石証書 非 FIT 非化石証書	全国大で必要な4年後の供給力	調整力運用の権利
補足事項					原子力・一般水力・石炭火力等		FIT と非 FIT 再エネ指定有無	費用は小売事業者と送配電事業者で負担	2024 年から一次から三次②まで全て対象

な電力供給の実現について、議論が開始された。リードタイムを考慮したうえで、全国で必要な燃料の確保やDRを含む電源等の起動特性や再エネ等の需給変動、さらには電源起動のリードタイムも考慮した必要な供給力（kWh）と調整力（ΔkW）の安定的な供出、本供給力・調整力が全国のメリットオーダーで確保され、全ての参加者にとって公正な電力の供給が実現される運用を可能とする仕組みづくりを目指すことになった。

再エネの市場統合が進み、需給運用上の不確実性が拡大するなかでも、安定的かつ持続可能に日本全国で最適運用が可能な需給運用・市場システムを構築するための検討が、本格的に開始されている。

図17　同時市場について

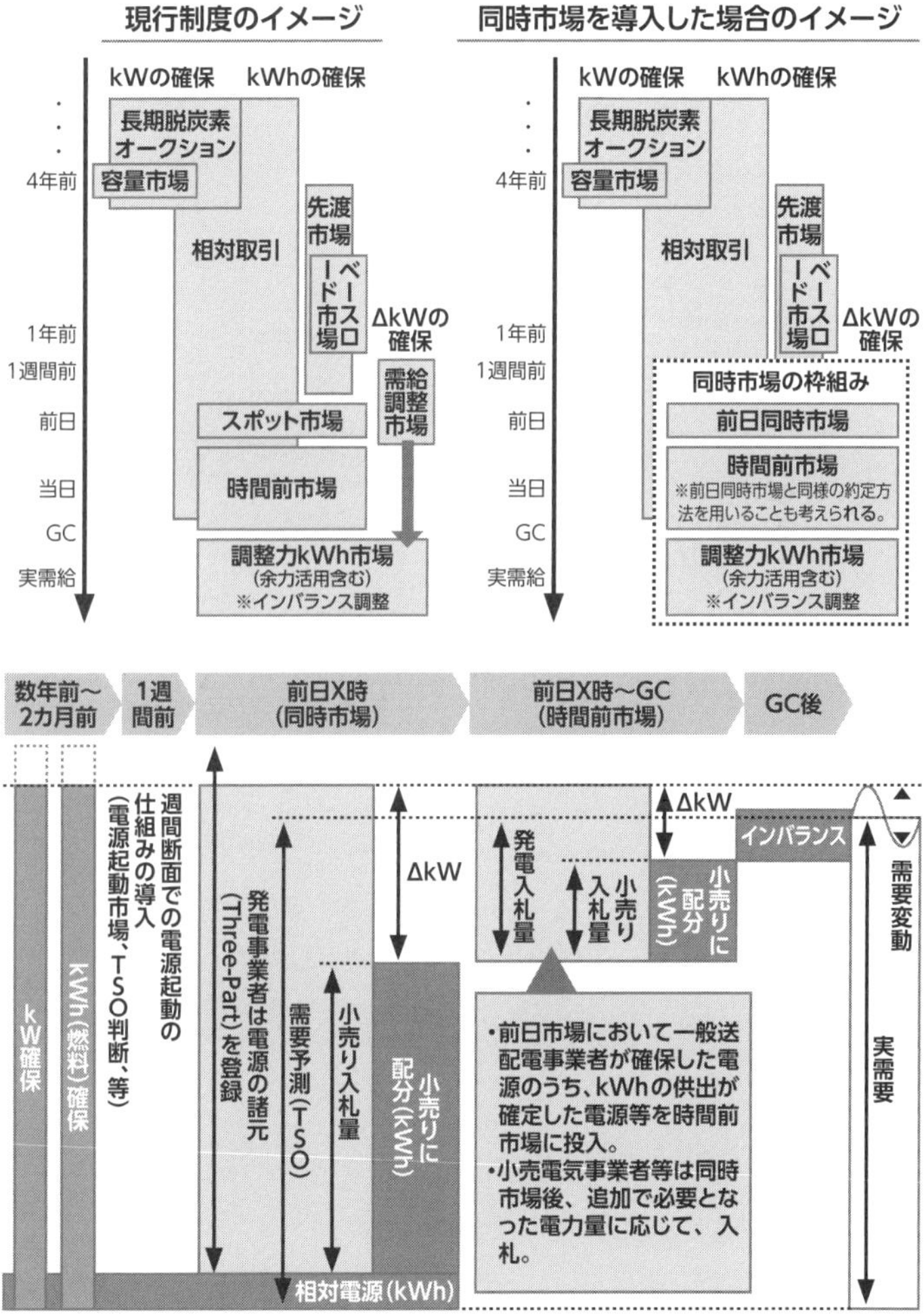

出典：資源エネルギー庁　資料よりマージして作成

中長期的な電力システムのあるべき姿の一つとして、同時市場が提案され、経産省の作業部会において、週間断面から実需給までの一連の仕組みについて、議論がスタートしている。同時市場としての詳細設計は今後継続検討されていくことになっており、主に次のような内容が議論されている。

・週間断面での電源起動の仕組みを設ける
・前日X時にkWhとΔkWの同時約定市場を設ける
発電事業者が電源諸元（①起動費、②最低出力費用、③限界費用カーブ）を市場に登録（Three-Part Offer方式[※2-7]）。

小売電気事業者は買い入札価格・量（kWh）を入札。同時市場において、翌日の需要予測に従って、過不足なく、kWhとΔkWを確実に確保するために電源を立ち上げる。結果、kWhとΔkWをより合理的に配分し、約定させる
・前日市場において一般送配電事業者が確保した電源のうち、kWhの供出が確定した電源などを、時間前市場に投入する。小売電気事業者等は実需給に近づくにつれて精緻化される需要予測をもとに、時間前市場で売買を行う
・GCまで小売に配分されていない電源は、一般送配電事業者が実需給断面における需

給調整に用いる

なお、需給調整市場において、三次調整力②の落札で残ったkWhを、JEPXの時間前市場に拠出する仕組みは、2023年10月から開始されている。

同時市場は検討の途上にあり、約定ロジックの設計、その設計における妥当性や実現可能性、事業者への実務面等における影響、関連法令等の整理等検証が必要になっている。

また、同時市場を実現するためには、かかるコストより便益のほうが多いのかといった費用便益の分析は必須になる。電力に関わる全ての事業者に大きな影響をもたらすため、検討には今後時間がかかると想定される。

※2-7 Three-Part Offer（スリー・パート・オファー）方式

アメリカの同時市場で発電事業者が需給調整市場の入札方法として行う仕組み。発電事業者が三つの電源諸元（①起動費、②最低出力費用、③限界費用カーブ）を市場に登録し、kWhとΔkWを同時に約定させることで、電力の安定供給と経済性を両立させる方式である。

2-6 送配電事業の改善プランの影響

２０２３年４月から、日本における送配電事業においては、従来の総括原価方式から「レベニューキャップ制度」に移行しており、まさに転換期を迎えている。

太陽光・風力発電等の再エネの普及拡大を推進し、需要地まで届けるための送配電ネットワーク増強は、カーボンニュートラルの実現に向けて不可欠となっている。将来の送配電ネットワークをどのように維持し、延伸するか等について決めるためにこのレベニューキャップ制度が導入された。

レベニューキャップ制度とは、送配電事業者が5年間の事業計画を作成し、実行に必要な費用（レベニューキャップ）を国が審査。事業者は審査を受けた事業計画を実行し、その達成状況を国が評価するという制度である。

本制度では、投資計画を策定し公表することや、事業者に効率化を促すためのインセンティブの仕組みなどが取り入れられており、必要な投資の実施とコスト効率化の両立を目指している。

このようなネットワークシステム改革では、**送配電網協議会**※2-8でも、２０５０年の次世代電力ネットワーク構築推進に向けて提言されている。

2050年カーボンニュートラルの実現には、S＋3Eの同時達成を追求するとともに、電源の脱炭素化（再エネの主力電源化等）に向けた環境整備と、産業・運輸・家庭部門の非電化領域における電化の推進が不可欠である。安定供給確保のためのレジリエンス強化とともに、脱炭素電源の円滑な系統アクセス・系統利用を可能とする。

さらに、電化の推進をサポートするため、国や**電力広域的運営推進機関**※2-9、関係団体などとも連携して、電力ネットワークの次世代化を積極的に推進するとしている。

アクションプランとしては、①再エネ主力電源化に向けた系統整備、②系統混雑への対

※2-8　送配電網協議会
送配電事業の一層の中立性・透明性を確保する観点から、一般送配電事業者による独立した運営組織として、2021年4月に発足。系統・需給運用、設備計画、調整力に係る技術的事項の検討、送配電に係る保安業務、託送関連業務について、一般送配電事業者と連携して業務運営を行っている。

※2-9　電力広域的運営推進機関
略称は広域機関、OCCTO（オクト）。電気事業法に基づく認可法人として、電力の安定供給を確保することを目的に2015年に発足。全ての電気事業者に加入義務がある。電源の広域的活用に必要な送配電網の整備や、全国大での平常時・緊急時の需給調整機能強化等の役割を担っており、主な業務は「ルールの策定」「需給逼迫時の需給調整や連系線管理」「広域連系系統の整備計画を立案」「供給計画のバランスの取りまとめ、調整力・予備力のあり方の検討」となっている。

応、③需給調整・系統安定化技術の高度化の3点をベースにしており、今後の取り組みとして各項目で目標を策定している。

①の再エネ主力電源化に向けた系統整備では、国の中長期的なエネルギー政策（再エネ主力電源化等）と整合した系統整備、およびマスタープラン策定に向けた協力と発電コストとネットワークコストのトータルコスト抑制を検討している。具体的には、2027年度までに、北海道本州間、東北東京間、東京中部間の連系線を増強し、再エネ導入拡大時に貢献する。高圧直流送電（HVDC）の導入を含む2040年代に洋上風力導入目標量とカーボンニュートラルに対応した連系線および基幹系統の整備を実施する。さらに、再エネ接続量拡大に向けたノンファーム型接続の導入と系統増強の考え方の見直しを予定している。

マスタープランは、今まで一般送配電事業者がエリア毎に進めてきた送配電網の構築・整備を、電力広域的運営推進機関が中心となって全国で実施するために2023年3月に決定した広域系統長期方針である。

電力の大消費地である東京に、北海道や東北から送電する海底高圧直流送電の敷設をはじめ、再エネ主力電源化に伴う電力ネットワーク強靭化を実現するために、約7兆円規模の投資を見込んでいる。

図18　マスタープラン策定に向けた長期展望（案）

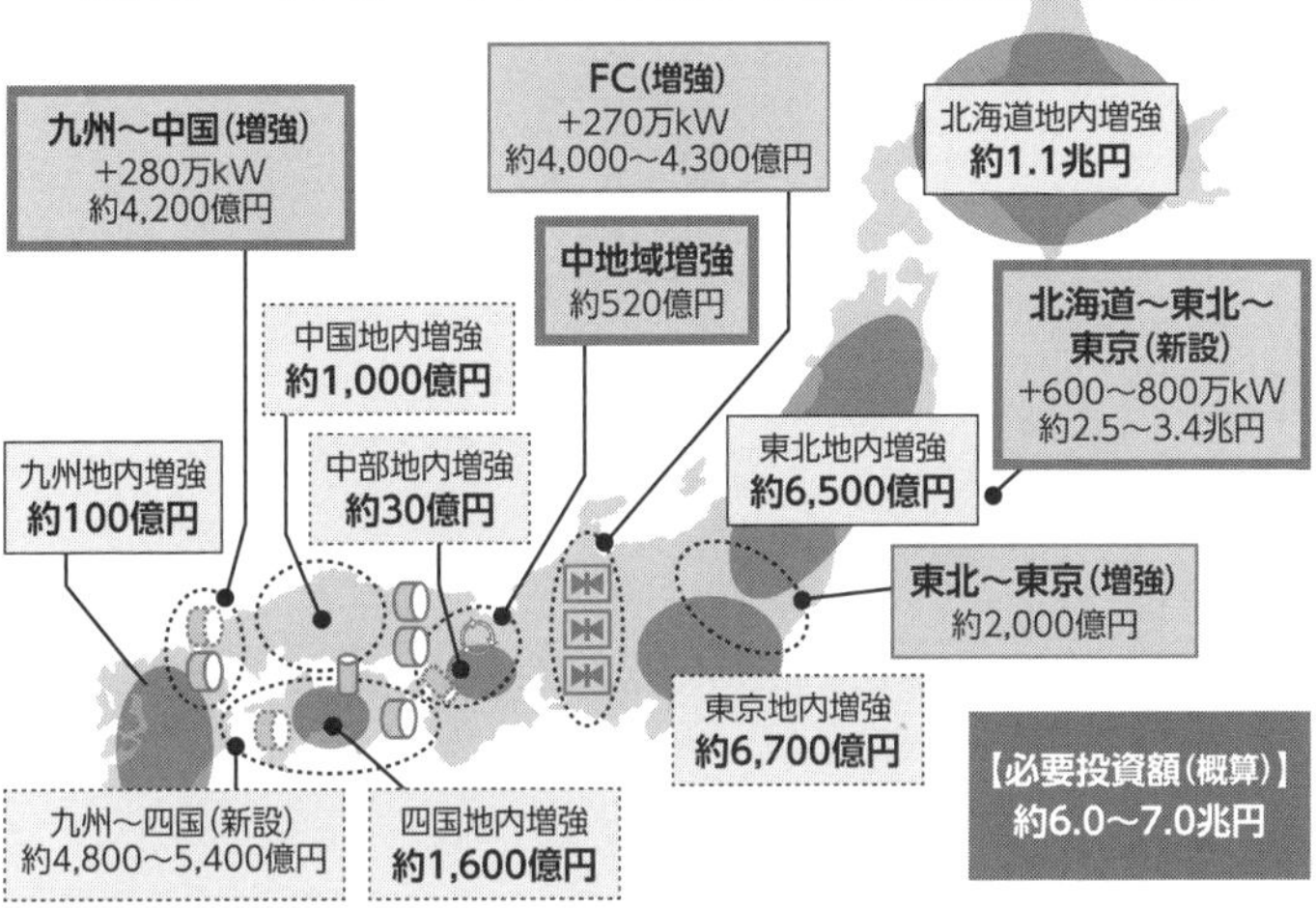

出典：資源エネルギー庁　再エネ大量導入・次世代電力NW小委員会（第47回）（2022年12月6日）資料

但し、本施策についても、当然投資を上回る便益があるのか等の検証が必要になる。すでに九州エリアの投資については、大きな便益が見込めないとの判断もある。いずれにしても、今後のカーボンニュートラル実現に向けた時間軸のなかで、ペロブスカイトや蓄電池等の再エネのテクノロジーが進化した場合、オンサイト電源が大きく普及する可能性も大きい。マスタープランを含む電力ネットワークの強化については、今後も引き続き慎重な議論を期待したいところである。

②の系統混雑への対応については、**日本版コネクト&マネージ**※2-10の仕組みの具体化による再エネ等電源の系統アクセスの容易化や、先行して実現しているN－1電制、導

入済みの基幹系統の**ノンファーム接続**※2-11、ローカル系統のノンファーム接続（検討中）を継続していくと同時に、混雑管理手法の適用による再エネ等電源の系統利用の促進や**再給電方式**※2-12の適用を含めた混雑系統の増加を見据えた対応、さらに**市場主導型**※2-13への移行の検討をする等としている。

また、混雑系統における需要面の対策検討においては、需要版ウェルカムゾーンの設定や混雑系統への需要創出等も掲げている。

③の需給調整・系統安定化技術の高度化は、再エネ出力の最大利用・リソース活用、電力品質の維持の両面での取り組みを示している。再エネ出力の最大利用・リソース活用の観点では、次の取り組みが掲げられている。

- 連系線運用容量のさらなる拡大、再エネ予測精度のさらなる向上
- 再エネ出力抑制のオンライン化促進、オンライン代理制御の導入
- 既存リソースの上げＤＲ活用、蓄電池等の普及促進、活用蓄電池等の多様な需要リソースの普及に向けた技術的実証や情報発信等
- 水電解装置の活用の検討（出力抑制回避と水素製造）、ＥＶ等を含めた分散型リソース

※2－10　日本版コネクト&マネージ

電力系統の空き容量を有効活用して、より多くの電気を流せるようにする取り組み。「想定潮流の合理化」「N－1電制」「ノンファーム型接続」などの対策を実施しており、「N－1電制」は、送電線の事故が発生した場合に、接続した電源出力を瞬時に制限することにより、既存の送電設備を最大限活用し、かつ電源の接続可能量を拡大する仕組みである。

※2－11　ノンファーム接続

接続可能な容量を決めずに、系統に空きがあるときには送電することができるという考え方で接続する方式。系統が混雑する時間帯に限り出力を制御するなど、一定の条件の下で系統への接続を認める取り組みとなる。再エネ事業者は系統接続がより容易になるため、再エネ拡大の推進策となる。

※2－12　再給電方式

基幹系統の平常時の混雑を解消するために、調整電源以外の電源も含め一定の順序により電源の出力を制御する方式。運転コストの低い電源から順番に稼働させることにより、電源全体の運転コストを最小化する。再給電方式（一定の順序）は、2023年12月末に導入されている。

※2－13　市場主導型

再給電方式の問題点を解消する方式として、今後より具体的に検討される予定。電源の取引の価格シグナルにより、JEPXまたはTSOが混雑調整を行う方式である。ゾーン型とノーダル型があり、ゾーン型は、系統の空容量情報は広域機関（もしくは一般送配電事業者）が保有し、「各電源の混雑送電線利用量」「利用順位を判断するための情報」を保有したJEPXが市場を通じて混雑調整を行う方式である。ノーダル型は、混雑管理に必要な三つの情報「系統の空容量・利用順位・電源の利用量」をもとに系統運用者が発電所の出力を決定し混雑管理を行う方式である。

（VPP※2-14・DER※2-15）の統合制御技術の確立

また、電力品質の維持の面では、再エネ比率の高い系統における電力品質維持の検討（制度化・グリッドコード化・市場開設）、研究開発、導入、具体的には、同期化力低下への系統側対策の導入、再エネ電源の**疑似慣性力**※2-16、系統用蓄電池の検討／コスト評価を実施していくとしている。加えて、次世代スマートメーター計測データを活用した配電系統運用の高度化推進や、太陽光発電やEV等需要家リソースを活用したVPPアグリゲーター等の参画に必要な特例計量器とのシステム連携を検討していくとしている。

マスタープランを含む次世代ネットワークへの取り組みは、送配電事業の心臓部である中給システムの改革にも及んでおり、次期中給システムの再構築プロジェクトが、2023年から開始されている。

次期中給システムは、各エリアの一般送配電事業者（沖縄エリアを除く）が、各社それぞれに開発してきた中給システムを共有化するものであり、前例のない大規模開発として2020年代後半の運用開始を目指している。

各エリアで開発していた中給システムの仕様を統一し、共有化を図ることで一元的な情報公表や全国一括での電力需給の実施、全国でのレジリエンス確保と調整力コスト低減等のメリットを享受できる予定である。システム改修範囲を大幅に削減するとともに、標準化した連係基盤を介して機能間を疎結合することにより、アプリケーションの追加が可能で、高い柔軟性・拡張性を確保できるシステム設計を志向している。

次世代ネットワークの構築には、膨大な時間とコストがかかり、国民の大きな負担を伴

※2-14 **VPP（Virtual Power Plant）**
分散型のエネルギーリソースを〝一つの発電所〟のように機能させる。AIやIoT等を活用した高度なエネルギーマネジメント技術で分散型エネルギーリソース（DER）を遠隔で統合制御し、あたかも一つの発電所のように機能させる仕組み。需要家側エネルギーリソースの他、電力系統に直接接続されている発電設備、蓄電設備の保有者もしくは第三者が、そのエネルギーリソースを制御（需要家エネルギーリソースからの**逆潮流**※2-14-1も含む）することで、発電所と同等の機能を提供する。

※2-14-1 **逆潮流**
自家発電事業者等が、消費電力よりも発電電力が多くなった場合に、余った電力を電力会社線側に戻るように流すこと。また、需要家とエネルギーリソースが同じ場所にない場合は、直接電力を電力会社線側に流すこともある。

※2-15 **DER（Distributed Energy Resources）**
分散型エネルギー資源のこと。エネルギーの利用者（需要家）が所有するエネルギー源であり、太陽光発電システムや蓄電池、EVなどの設備が含まれる。

※2-16 **疑似慣性力**
火力発電機などの同期発電機のように、瞬間的な需給変動に対し瞬時に有効電力を出力できる機能を、系統安定化機能として慣性低下の緩和に寄与するために、再エネや蓄電池のPCSに具備させたもの。

うことが前提となる。今後のカーボンニュートラル実現に向けた中長期の時間軸のなかで、世界のエネルギー情勢、日本における制度設計の進展、需要家側の脱炭素ニーズの進捗、再エネのテクノロジーの進化等を確実に見極めて、ロードマップを修正しながら進めるべきである。

第3章 カーボンニュートラルレディの電力サービス

本章では、日本国内における需要家サイドのカーボンニュートラルへのアプローチの現状や、その支援をする側の事業者、つまり、電力小売事業者やアグリゲーター、再エネ事業者のサービスを概観し、日本において今後カーボンニュートラルを目指すうえでの懸念点や課題を洗い出すことにする。

3-1

需要家におけるカーボンニュートラルへのアプローチ

日本における需要家のカーボンニュートラル検討の方向性は、エネルギー基本計画やGX戦略に基づき形成される環境の変化を睨《にら》みながら、自社での電化・再エネ推進と電力小売やアグリゲーターのサービス活用を併せて考えていくことになる。

パリ協定では、「世界の平均気温上昇を産業革命以前に比べて2℃より十分低く保ち、1・5℃に抑える努力をする」ことが目的として掲げられ、日本国内においても企業の脱炭素経営が推進されている。具体的には、企業が気候変動に対応した経営戦略の開示（TCFD）や脱炭素に向けた目標設定（SBT、RE100）などを通じ、脱炭素経営に取り組む動きが進展している。

先行して取り組んでいる企業は、世界的なESG[※3-1]投資の流れに沿って、自らの企業価値の向上につながることを期待している。脱炭素経営への取り組みを進めることにより他社との差別化を図ることができ、新たな取引先やビジネスチャンスの獲得を目指している。

TCFDとは、Taskforce on Climate related Financial Disclosure（気候関連財務情報開示タスクフォース）の略であり、企業の気候変動への取り組み、影響に関する情報を開示する枠組みである。ＳＢＴとは、Science Based Targets の略であり、企業の科学的な中長期の目標設定を促す枠組みである。

ＴＣＦＤ、ＳＢＴ、ＲＥ１００に取り組んでいる企業は、２０２３年9月30日時点で、ＴＣＦＤ：１４５４機関（世界で４８３１の金融機関、企業、政府等が賛同表明、世界第１位〈アジア第1位〉）、ＳＢＴ：６０１企業（認定企業数３４８７社、世界第１位〈アジア第１位〉）、ＲＥ１００：83社（世界で４１９社、世界第2位〈アジア第1位〉）と、世界でもトップクラスとなっている。

また、RE Action という取り組みもあり、電力の使用規模にかかわらず、１００％再エネへの転換を目指す企業が加盟することができる。この取り組みにおいては、２０２３年10月末時点で、３４２団体が加盟している。

一方で、２０２１年6月1日時点での経済センサスによると、日本の企業数は３６８万社と言われており、先行しているトップランナー企業はごくわずかであることがわかる。企業のサプライチェーンを含めたカーボンニューラトルへの取り組みも、自動車産業を

※３－１　ＥＳＧ（Environment, Social, Governance）
環境・社会・ガバナンス（企業統治）を考慮した投資活動（ＥＳＧ投資）や経営・事業活動（ＥＳＧ経営）のこと。

図19　需要家におけるカーボンニュートラル検討の方向性

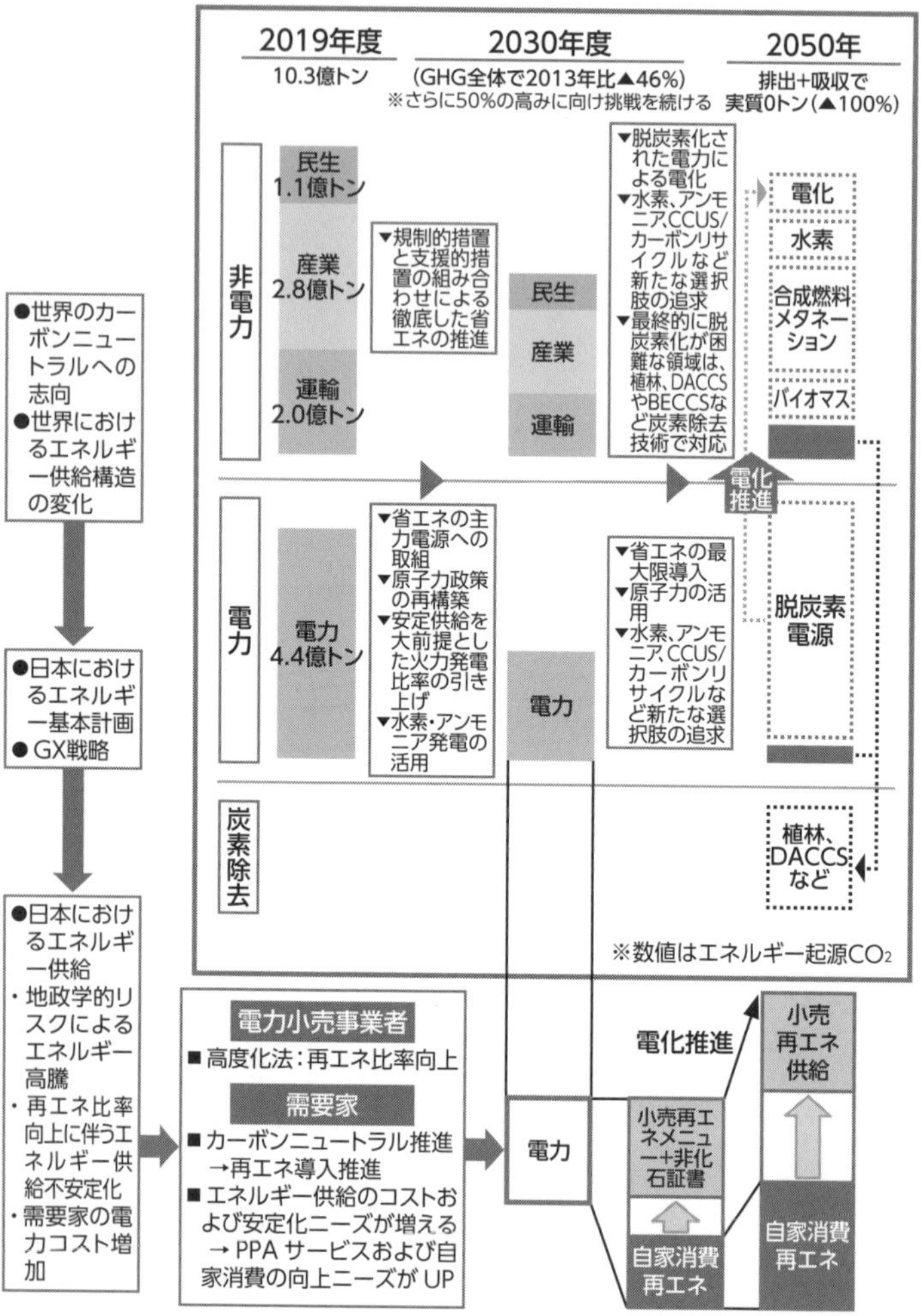

出典：資源エネルギー庁　資料よりマージして作成

図20　脱炭素経営についての目標設定

SBT	目標	RE100
世界の気温上昇を産業革命前より2℃を十分下回る水準に抑え、1.5℃に抑えることを目指し、温室効果ガスの削減に取り組む	目標	事業活動において使用する電力を100%再生可能エネルギーで賄う
企業自身のみではなくサプライチェーン全体の温室効果ガス Scope1,2,3	対象	企業活動で使用する電力 Scope1,2
	要件	消費電力100GWh以上 日本は50GWh

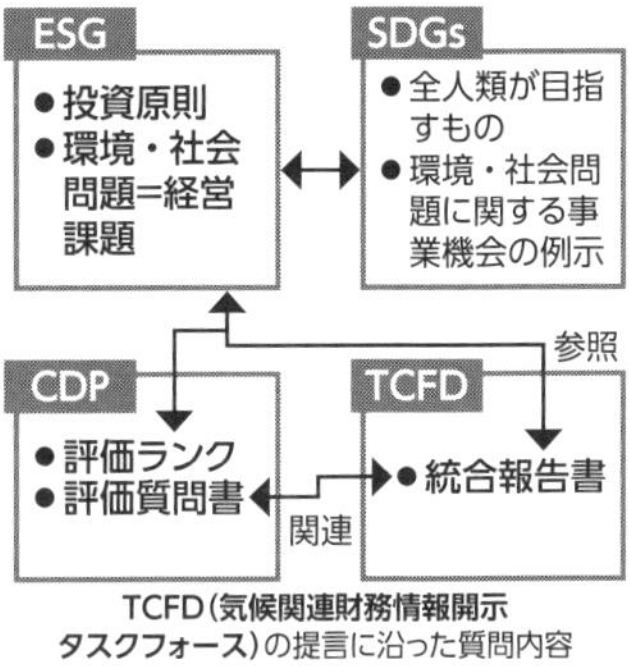

ESG投資:「環境」「社会」「ガバナンス(企業統治)」の頭文字をとった言葉で、これらの要素を重視した企業を選別して行う投資
CDP:イギリスで設立された国際的な環境非営利団体(NGO)。世界の企業に対し、二酸化炭素排出量や気候変動への取り組みに関する質問書を出すことで情報を収集しその情報を開示
TCFD:各国の中央銀行・金融当局や国際機関が参加する金融安定理事会(FSB)によって2015年に設立されたタスクフォース。気候関連のリスクおよび機会に関する「ガバナンス」「戦略」「リスク管理」「指標と目標」の4項目について、企業等がステークホルダーに対して情報を開示することを提言
SBT:企業がパリ協定の求める水準と整合した温室効果ガス排出量削減を目指す国際的なイニシアチブ

はじめ徐々に開始されているが、先進国のなかでは先行しているとは言い難い状況である。

今後、日本の企業が海外で事業を継続していく場合、サプライチェーンにおけるカーボンニュートラル化も必須の条件となってくる。2030年、その先の2050年といった時間軸を視野に入れて、取り組みをすぐにでも開始すべきであることを示唆している。

企業におけるカーボンニュートラル推進のステップは、環境省や国がある程度指針を出しており、①脱炭素化に向けた意識醸成・体制整備、②事業に影響を与える気候変動関連リスク・機会の把握、③排出実態の把握、④削減目標の設定/削減対策の検

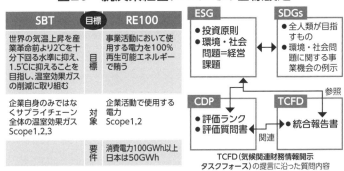

図21　需要家の脱炭素への取り組みについて

脱炭素経営に向けた取り組みの広がり　2023年9月30日時点

TCFD
Taskforce on Climated Financial Disclosure

企業の気候変動への取り組み、影響に関する情報を開示する枠組み

- 世界で4,831（うち日本で1,454機関）の金融機関、企業、政府等が賛同表明
- **世界第1位（アジア第1位）**

TCFD賛同企業数（上位10の国・地域）

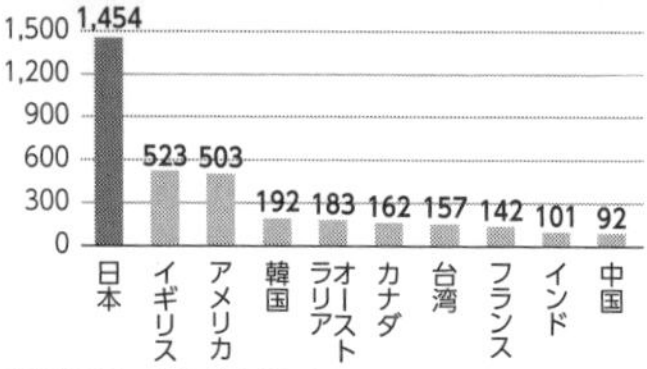

出典：TCFDホームページ　TCFD Supporters
(https://www.fsb-tcfd.org/tcfd-supporters/)より作成

SBT
Science Based Targets

企業の科学的な中長期の目標設定を促す枠組み

- 認定企業数：世界で3,487社（うち日本企業は601社）
- **世界第1位（アジア第1位）**

SBT国別認定企業数グラフ（上位10カ国）

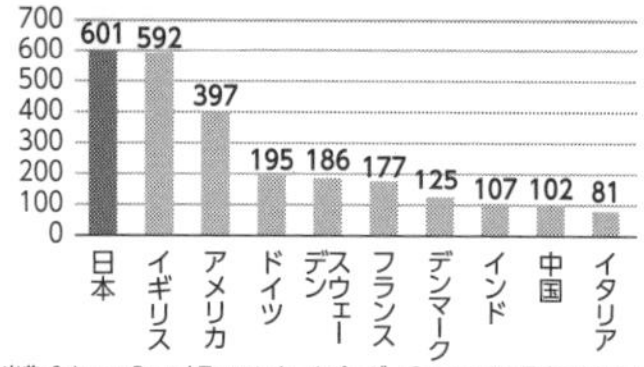

出典：Science Based Targetsホームページ　Companies Take Action
(http://sciencebasedtargets.org/companies-taking-action/)より作成

RE100
Renewable Energy100

企業が事業活動に必要な電力の100%を再エネで賄うことを目指す枠組み

- 参加企業数：世界で419社（うち日本企業は83社）
- **世界第2位（アジア第1位）**

RE100に参加している国別企業数グラフ（上位10の国・地域）

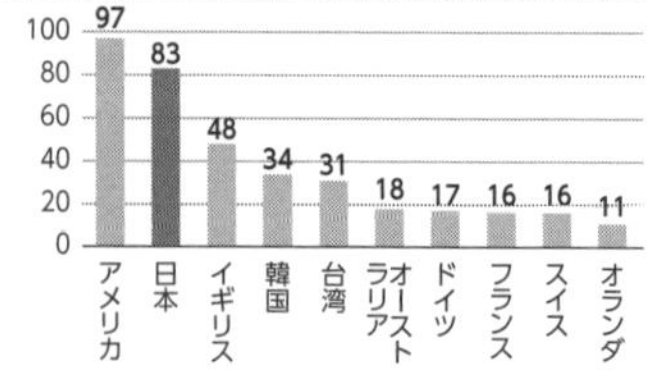

出典：RE100ホームページ(http://there100.org/)より作成

出典：環境省　資料

討・策定、⑤削減対策の実行、⑥プロセスを含めた情報開示、となっている。具体的なアクションに向けたスタートラインとしては、まずは自社の排出実態を把握することである。

GHG（温室効果ガス〈Greenhouse Gas の略称〉）排出量の把握をすることで排出実態は明確になるが、GHG排出量は一定期間大気中に排出されたGHGの量であり、地球温暖化の主な原因である二酸化炭素やメタン、一酸化二窒素（亜酸化窒素）、フロンガスなどが該当する。GHG排出量は、主に二酸化炭素換算トン（または炭素換算トン）で表現される。

GHGを相当程度多く排出する者（特定排出者）には、自らの排出量を算定し、地球温暖化対策の推進に関する法律（温対法）に基づき、国に報告することが義務付けられている。多くの企業は、自社製品に関わるライフサイクル全体の排出量を把握する必要があり、自社の排出量だけでなく、事業活動の流れ全体で排出されるGHG排出量（サプライチェーン排出量）も考慮する必要がある。

サプライチェーン排出量は、GHGの排出方法を排出者や排出のされ方によって分けられた「スコープ1（直接排出量）」「スコープ2（間接排出量）」「スコープ3（その他の排出量）」の三つの合計となり、「スコープ3基準」と呼ばれている。

「スコープ1」は、燃料の燃焼や、製品の製造などを通じて企業・組織が「直接排出」するGHGのことを指し、スコープ2とは、自社で他社から供給された電気、熱、蒸気を使用したことによる間接排出のGHGの排出量である。

また、スコープ3は、製品の原材料調達から製造、販売、消費、廃棄に至るまでの過程において排出されるGHGの量（サプライチェーン排出量）を指す。

ここでは、電力におけるメインの部分、つまり、スコープ2におけるカーボンニュートラルについて見ていくことにする。

スコープ2の電力におけるGHG排出量の把握においては、実質的に多くは供給元である小売電気事業者の電力に含まれる排出量にディペンドすることになる。より一層の省エネに取り組む（省エネ）、あるいは、自社で再エネをはじめとする太陽光等の発電所を保有し、自ら発電する（創エネ）、また、その電気を溜めて利用する・販売する（蓄エネ、活エネ）等で、自社が積極的に取り組むことによる削減も可能である。

国内におけるトップランナー企業は、自ら小売電気事業者の事業も行いながら、上記の施策を複合的に実施していくことになる。それと同時に、コスト面を考慮しながらカーボンニュートラルに向けた推進を行っている状況である。

トップランナーを含む大企業は、今後も世界市場で継続的にビジネスを展開するために、2030年の中間目標や最終ゴールである2050年におけるカーボンニュートラルを目指し、スコープ3、つまり、サプライチェーンにおけるカーボンニュートラル施策を本格的に推進するようになる。

その際には、中堅企業以下も、同様にカーボンニュートラルに向けたアクションをとっていく必要があり、見える化・省エネ・創エネ・蓄エネ・活エネのサイクルで、実施できる全ての施策を実現していかなければならない。

日本における再エネの現状や見通し、制度設計の今後、テクノロジーの進化等を総合的に考えた時、電力を利用する需要家（企業）におけるカーボンニュートラルへの道筋は、その企業が置かれているエリアや業界のサプライチェーン等によっても、時間軸を含め多岐にわたると想定され、電力の活用におけるスコープ2のカテゴリでも、検討できる全ての仕組みや手段を利用していくことになるであろう。

次項からは、需要家が能動的に取り組んでいくであろう、創エネ、蓄エネ、活エネの分野における現状について、小売電気事業者等外部のサービサーを含め、見ていくことにする。

るサービスの多様化

再エネ拡大をしていくうえで、電力業界においてもアグリゲーター事業やPPA／自己託送といったサービスが拡大しており、既存のみならず新たなプレーヤーも事業展開を図っている。

需要家における再エネ活用を取り巻くサービスは、カーボンニュートラルの進展とともに多様化している。トップランナーである先行の大企業は、再エネをフル活用し、GHG排出量削減に取り組んでいる。また、サプライチェーン上に位置付けられる中堅以下の企業も、今後は多様化しているサービスを活用していくことになる。

スコープ2における電力のカーボンニュートラル化においては、電力小売事業者と再エネ電力メニューで契約し、供給してもらう方法や非化石証書等を購入する方法がある。また、自ら再エネを増やす方法としては、再エネをオンサイトで設置し、自家消費をする方式や、オフサイトに再エネを設置して、その電源を供給してもらう方式（電力小売事業者とPPA事業者との三者契約や送配電事業者との自己託送契約で実現）がある。電力の市場高騰や今後の電力価格の不安定化予測から、再エネの自家消費を確実に増やしていく方式と

図22　エネルギー業界　サービスプレーヤー相関図

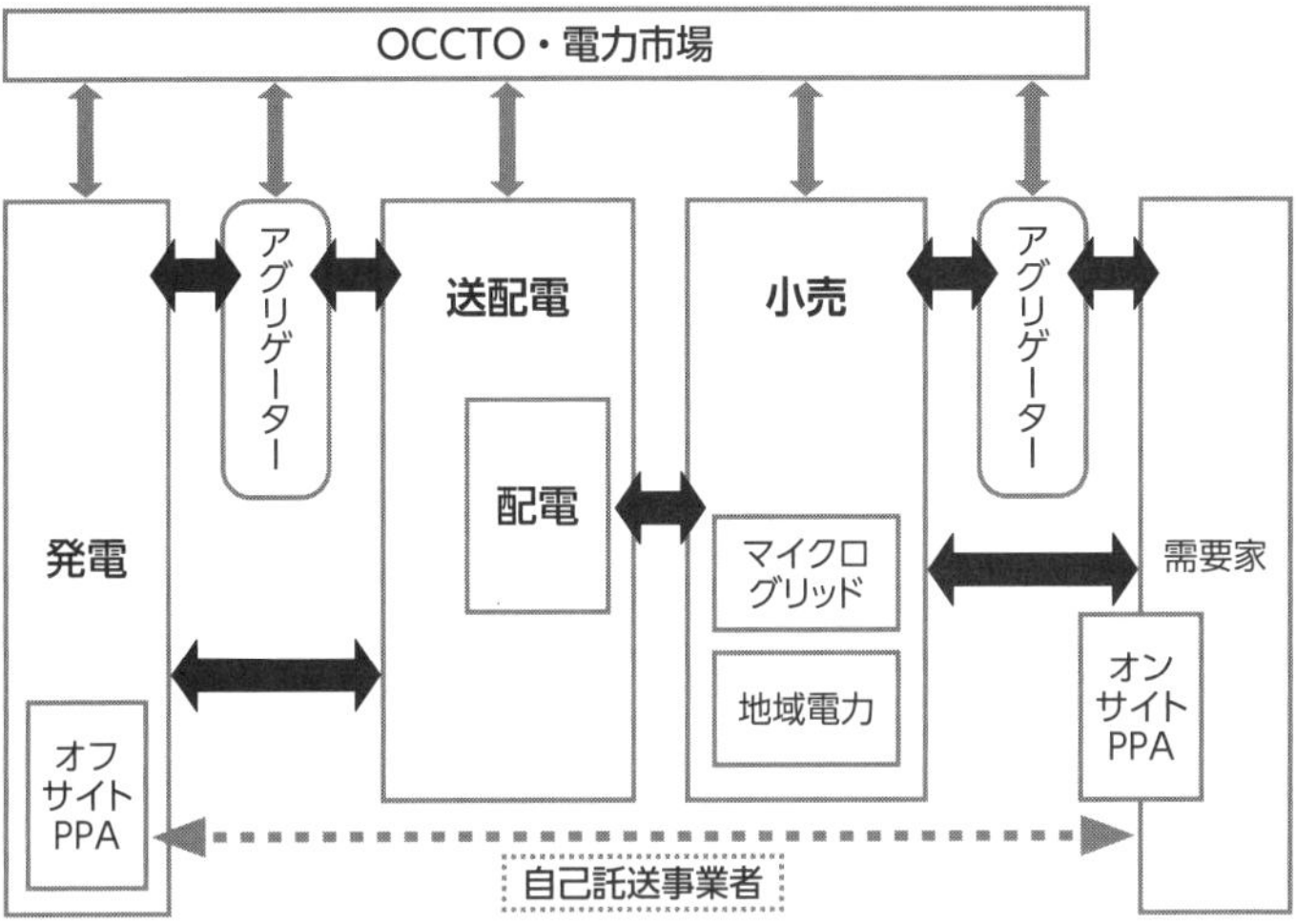

しては非常に有望であり、２０３０年に自家消費型が増加し、自家消費率は、家庭用は１００％、産業用は60％になるとも想定されている。

いずれにしても、カーボンニュートラルを目指す企業は、まずは自社の排出量を見える化し、省エネの追加施策の実施、太陽光等再エネを中心とした創エネ、蓄電池の併設による自家消費向上や、自社の別地点への余剰電力の活用等を実施していくことになる。

見える化ツールについては、数年前は、需要家側の関心もなく、サービスが世の中に露出する機会は希少であった。しかし現在は、ＩＴベンダーや新興企業等、たくさんの企業が参入しており、ツール提供だけではなく、スコープ3を含めたGHG削減のコンサルティングサービスといったトータルな支援サービスも展開されている。

また、取引先のカーボンニュートラル推進のために、都市銀行や地方銀行、信用金庫等が、見える化ツールのベンダーと協業し、見える化の推進を実施していたり、大企業が自社のグループ会社やサプライチェーンにおける取引先に見える化ツールをサービスとして展開したりして、スコープ3を含めたカーボンニュートラルの第一歩を後押ししているケースも出始めている。

前述の通り、日本における省エネは相当進んできたとはいえ、欧米と比較すると実施できる余地が多く残されていると言われている。例えば、先行している企業の工場といった実際の需要家である企業の現場では、負荷設備のより一層の省エネ化に向けて、より細かいレベルで専門的なコンサルティングを受ける等の対策をすれば、さらに推進が可能という意見もある。

創エネに関しては、トップランナーの企業による投資により、太陽光をベースとした発電所の構築を推進しているケースもあるが、よりストレッチしたプランで、カーボンニュートラルを推進していくために、PPAモデルや自己託送、需要家PPS（Power Producer and Supplier）〈需要家自らが小売電気事業者になること〉、非化石証書やJクレジットの活用を並行して行っている。

PPA（Power Purchase Agreement）とは、発電事業者と需要家が電力の購入について直接契約をすることを指している。但し、国内においては電気事業法上、需要家に電力を供給する契約を締結できるのは、ライセンスを所有している小売電気事業者という明確な規定があるため、実際は、次の三つの方式を採っている。

PPAにおいては、需要家は、発電設備についての一切の投資は行わず、PPA事業者が設置・メンテナンスを含め全て行うのが通常である。富士経済によると、第三者所有モデル（PPA、リース）による太陽光発電の市場規模は2035年に約2600億円と、2020年比で約16倍のマーケットになると予想している。

1　オンサイトPPA

需要家の地点に太陽光等の再エネを設置し、その自家消費分を、PPA事業者が需要家に請求して、投資回収を行うモデルである。蓄電池のコストが依然として高いため普及期とは言い難いが、オンサイトに蓄電池を併設して、自家消費を増やしたりするケースもある。なお、BCP（Business Continuity Plan）対策はニーズはあるものの、対投資効果の点で、再エネ導入の強い動機にはなっていないのが現状である。需要家における全ての電力は、ＰＰＡでは賄えないため、足りない電力は小売電気事業者が供給することになる。

この小売電気事業者の電力メニューが、カーボンニュートラルなメニュー（例、再エネ紐付きのメニュー、非化石証書付きのメニュー等）であれば、需要家はその需要地点における電力をカーボンニュートラル化できたということになる。

2 オフサイトＰＰＡ（フィジカル）

ＰＰＡサービスを検討する場合、需要地点では、多くの太陽光設備は屋根置きが基本になる。需要地点に土地の空きスペースがない限り、建物の荷重設計により設置の可否が分かれることになる。

実際、現場を調査すると設置できないことも多く、その場合は需要地点とは異なる場所に再エネ発電所を置くことになる。ＰＰＡは、オフサイトの発電所の電気を離れた需要場所に提供する契約となるが、この場合は、送配電網を通じた電気事業法上の電力供給となり、小売電気事業者が実際の供給をすることになる。

電力の購入契約としては、非化石価値の引き渡しを含め需要家と発電事業者が締結することになる。その電気を実際に供給する契約は、小売電気事業者と需要家が締結することになり、三者間の契約において、この供給スキームを運用することになる。

なお、本サービスの提供は、エリアにより制約があるため、オフサイトの発電所が需要場所と同じ託送エリアにある場合が確実であり、足りない電力の供給については、オンサイトと同じである。

3　オフサイトPPA（バーチャル）

本サービスは、大枠の考え方は、オフサイトPPA（フィジカル）と同じであるが、発電所と需要場所が、異なる託送エリアにある場合であり、電力の流通は、電力卸市場経由になるケースである。発電事業者と需要家は、電力ではなく非化石価値について、固定価格で引き渡す契約を締結する。加えて、電力については各エリアのその時点の市場価格での売買取引になるため、**市場分断**※3-2が発生した場合の価格値差を、相互に補完して支払う契約を締結することになる。

需要家は、通常通り小売電気事業者から、全量の電力を供給してもらう契約を締結し、その際の再エネ価値の提供については、他のPPA方式と同様である。オフサイトの発電所から需要場所に電力を提供する仕組みで、その他の方法としては、自己託送制度の利用がある。

自己託送では、一般送配電事業者が保有する送配電網を使用して、工場等に自家用発電

図23　PPAモデルについて（小売事業者の位置付け）

大分類	小分類	Point
オンサイトPPA	設備所有者契約	・自家消費分を直接支払い
	小売事業者契約	・小売事業者に合算で支払い ※小売事業者が設備をまとめて保守運用するケースもあり。
オフサイトPPA	フィジカル PPA	・日本国内では小売電気事業者との電気需給契約を含めた三者契約となる。 ※自己託送契約は別途可能 コーポレート PPA 契約：卸供給契約+電気需給契約+環境価値移転契約
	バーチャル PPA	・発電所は JEPX に電力を販売 ・需要家は、通常通り小売事業者から電力を購入 コーポレート PPA 契約：電気需給契約+環境価値移転契約

フィジカルPPAでは、発電事業者と小売電気事業者のあいだの卸供給契約、小売電気事業者と需要家（企業）のあいだの電気需給契約に加えて、三者間で「環境価値移転契約」を締結する必要がある。3種類の契約を組み合わせれば、フィジカルなコーポレートPPAになる。

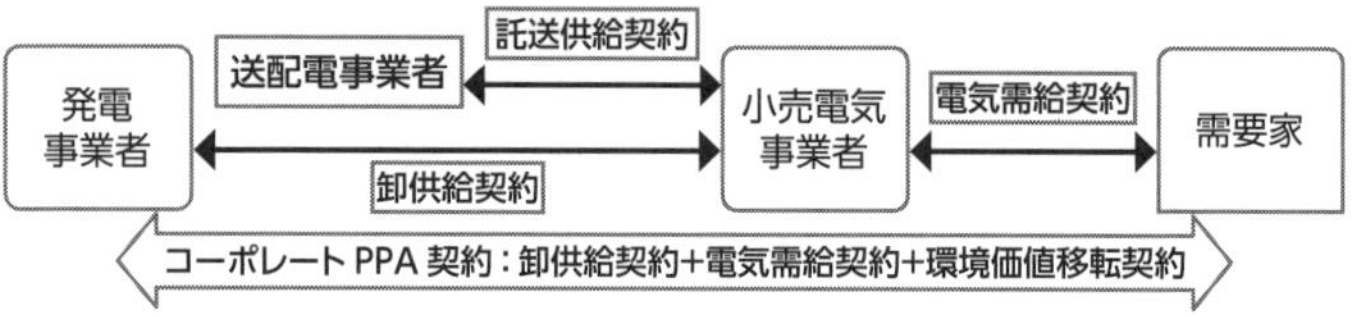

設備を保有する需要家が当該発電設備を用いて発電した電気を、別の場所にある当該需要家や当該需要家と密接な関係性を有する者の需要地に送電することが可能となる。また、自己託送は自家発自家消費の延長と定義でき、自家発自家消費と同様に再エネ賦課金がかからないため、現時点の制度では、コスト的なメリットはある。

カーボンニュートラル推進のなかで、需要家のニーズが高まりを見せていることで、本制度を積極的に活用する事業者が増加している。その一方で、需要家の保有する自家用発電設備の有効活用という自己託送の制度の趣旨に反して他者から電気を調達し、他者に供給していると解される案件が増加しているのが実態である。

具体例としては、①他者が開発・設置した発電設備をリース契約等で借り受け、需要家が名義上の管理責任者となることで自己託送の要件を満たし、実際の発電設備の維持管理に係る業務を外部に委託する事例、②自己託送により送電した電気を自ら消費せずに需要場所内で密接な関係性のない他者に供給（融通）している事例、といったものである。

これを受けて、送配電事業者は新規の受付を一旦停止し、2024年6月時点では、制度の見直しに向けた議論が開始されており、本書が発刊される頃には、経過措置を含め結

※3－2 市場分断

JEPXにおいて連系線混雑を考慮した約定計算の結果、エリア毎に計算されるスポット価格（エリア価格）が異なる状況を指す。エリア価格の差異は「エリア間値差」と呼ばれる。発生の主な原因は、自由化によって分散電源が増加し、地域をつなぐ連系線が混雑し、緊急時の容量を確保する空きがないためである。連系線の整備は全国大で実施することになっている。エリア間で電力を融通したい事業者は、**間接オークション制度**※3－2－1に従い、前日スポット市場にて、送電エリアで売り入札、受電エリアで同じ量の買い入札を行うことで、疑似的に従来通りのエリア間電力融通を行うことができる。

※3－2－1間接オークション制度

連系線を利用する地位または権利の割当を直接的に行わず、全ての連系線利用を、電力卸市場を介して行う仕組み（2018年10月1日開始）。従来は、先着優先の考え方の下、容量割当を積み重ねたうえ、前日10時の段階でなお空容量となっている部分を活用して、前日スポット取引が行われていた。しかし間接オークションでは、原則、全ての連系線容量（マージン分は控除）を前日スポット取引市場に割り当てる仕組みとなっている。なお、2016年度利用計画として登録された長期連系線利用計画については、2025年まで経過措置の対象となる。

図24　PPA関連マーケット予想

●第三者所有モデル（PPAモデル、リース）

2021年見込	2020年度比	2035年予測	2020年度比
277億円	172.0%	2,553億円	15.9倍

今後、FIT以降自家消費の拡大に伴い、過渡期のモデルとして、PPA事業は拡大する見込み。
2035年までに、約2,600億円の市場に成長する想定。

●自家消費型太陽光発電システム

	2021年度見込	2020年度比	2035年度予測	2020年度比
金額	2,816億円	144.1%	5,857億円	2.4倍
出力	1,260MW	121.2%	4,460MW	4.3倍
自家消費比率	20.3%	-	66.5%	-

2030年自家消費型が増加し、家庭用は100%　産業用は60%　になると想定される

出典：㈱富士経済　予測資料より

論が出ていると考えられる。

親子の会社間の完全譲渡等を除き、他者が開発・設置した発電設備の譲渡または貸与等を受けて、名義上の管理責任者となるような場合については、自己託送の対象ではないことを明文化することが考えられる。需要家側における受電設備についても、他者が設置した受電設備の譲渡または貸与等を受けて、名義上の管理責任者となるような場合については、上記と同様に自己託送の対象ではないことを明確にすることが検討されている。

また、本制度を活用するに際しての、発電設備の維持管理、託送料金・インバランス料金の精算、発電量予測・需要量予測および発電計画・需要計画作成・提出、負荷

図25　自己託送制度について

契約の種類	契約者	締結先
①接続供給契約	自己託送事業者=需要家	供給エリアの送配電事業者 ※2024年から発電契約者も託送料金を一部発電場所のエリアの送配電事業者に支払う契約が必要
②振替供給契約	同上	9エリアの送配電事業者
③発電量調整供給契約	同上	発電エリアの送配電事業者

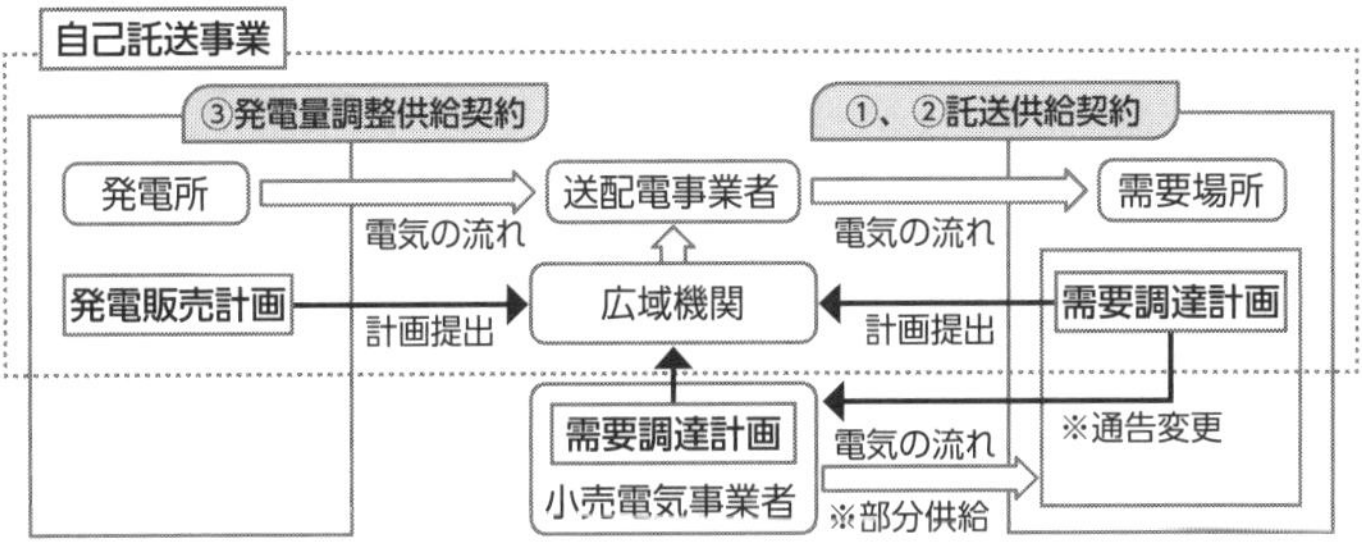

追随供給を行う小売電気事業者への通告・流通費用調整額の精算業務の委託についても、全てを外部委託しているケース（ほとんどのケースが当てはまる）では、自己託送の対象とするかどうかも併せて検討されている。

但し、本業務については、専門的なノウハウが必須になる。再エネ導入の拡大を図るための制度利用という観点から、業務の責任主体は委託元であり、全ての業務の運用を自己託送事業者となる需要家に求めることは過大であるとの考え方も示されており、その線引きについて精査される予定である。

その他、実質的に再エネ価値を導入していく方策として、前述した非化石価値や

Ｊクレジットの購入、小売電気事業者の再エネ電気メニューの採用等がある。

地産地消における地域脱炭素のなかで、カーボンニュートラルを推進していく自治体や地方の企業については、証書やクレジットの採用について、地元の再エネ電源であるかどうか、また、そのトラッキングが付いているかどうかなども検討が必要となる。日本における企業のカーボンニュートラルは、全方位的なサービスを駆使していかないと実現できない点を踏まえ、有効に活用していくことになるであろう。

3-3 小売電気事業者提供のサービスの現状

カーボンニュートラルの潮流のなかで、小売電気事業者も法人の需要家を中心としたニーズに合わせて、再エネ由来の電力を供給する料金プランを提案している。

大手の小売電気事業者を除き、多くの事業者は自社の発電所を保有していないため、発電事業者やアグリゲーターから相対取引を行い、また、非化石価値市場で価値を別途購入して、自社の需要家の供給に割り当てて対応している。

これと並行して、太陽光発電や蓄電池、エコキュート等の分散リソースのコントロールといったサービスや、ＤＲサービス等を組み合わせたサービス展開も開始されている。

ただ、小売電気事業者による再エネ電気の調達手法については、次のような方法で行われており、非化石価値が上昇するという予測を加味すると、今後サービスを拡充するために、再エネビジネスにおける別のモデルの組み合わせ等を検討していく必要がある。

小売電気事業者が再エネの電源を調達する手法は、ＦＩＴ制度下における特定卸または小売買取が多用されてきた。２０２２年からは、新たに開始されたＦＩＰ制度における相対取引や、ＦＩＴ／ＦＩＰ制度外の再エネの相対取引が増えてきている。

ＦＩＴ制度において、小売電気事業者が調達する電力のコストは、市場価格連動価格となるが、一方で、ＦＩＰ制度下では相対取引となるため、当事者間での契約条件次第で、固定価格や価格上限有での調達も可能となり、安定した価格で再エネ由来の電力の調達が可能となっている。

太陽光発電を促進する補助金制度により、需要家主導による太陽光発電導入も進んでおり、ＦＩＴ／ＦＩＰ制度や自己託送制度を活用しない形態で、かつ、太陽光発電により発電した電気を、特定の需要家に長期供給する等の一定の要件を満たす場合に設備導入の補助が受けられる。本方式でも、発電された電力は小売電気事業との相対取引を通じて、需要家に供給されている。

なお、本制度により、２０２１年には、計19件・94MWの事業が採択され、２０２２年度には、計21件・１１５MWの事業が採択されている。

太陽光発電の買取は、当初２００９年に余剰電力買取制度が導入されており、２０１２年からはＦＩＴ制度に移行したが、その買取期間10年を経過する２０１９年11月から買取期間が順次終了している。その件数は、２０２１年までに累積約１００万件・約４００万kWとなっており、今後、２０２５年には、２００万件・８６０万kWになる予定であり、再エネ電源として、小売事業者による有効活用が進んでいる。

買取期間の終了した再エネについて、発電事業者は、需要場所における自家消費を増やす、あるいは相対契約にて売電することになるが、その売電先の多くは、小売電気事業者となり、２０１８年10月から運用されている資源エネルギー庁のマッチング支援サイト『どうする?ソーラー』には、売電可能な事業者名が合計72社登録されている。

卒ＦＩＴの再エネについて買取事業者を変更した割合は、２０２２年12月末時点で約15%となっている。ＦＩＴ制度下では、電源のコストは市場連動となるため、小売電気事業者は価格変動のリスクをヘッジするため、保険サービスの活用も進めている。また、小規模な地域新電力については、市場価格変動に対応するための民間保険への加入を補助することで、再エネの地産地消に取り組む新電力の安定的な事業運営の支援を実施し、地域における再エネ活用を後押ししている。

環境省のカーボンニュートラル推進策もあり、地域脱炭素化が進められている。

日本においては、２０２０年10月に、２０５０年カーボンニュートラル、脱炭素社会の実現を目指す宣言がなされた。２０５０年カーボンニュートラルと整合的で野心的な目標として、２０３０年度にＧＨＧを２０１３年度から46%削減するストレッチプランとして50%を目指すことになった。

この目標達成のために、2021年6月に「地域脱炭素ロードマップ」が策定され、地方創生に資する地域脱炭素の実現を目指し、特に2030年までに集中して行う取り組み・施策を中心に、工程と具体策が示された。

「地域脱炭素ロードマップ」では、地域脱炭素が意欲と実現可能性が高い先行地域からその他の地域に広がっていく「実行の脱炭素ドミノ」のコンセプトの下、2025年までの5年間を集中期間として、1カ所5年間50億円の補助政策を推進策として、2025年までに少なくとも100カ所の脱炭素先行地域を立ち上げることになった。

このスキームでは、当然、地域新電力を新たに立ち上げる、または、既存の地域電力が中心となって動くことになり、小売電気事業者として、地域脱炭素を後押ししていくことになる。一方で、この施策については、理想論が先行し、採択された自治体においても、机上の空論的な計画も見受けられ、本当に先行地域として今後機能していくのかは、注視していく必要がある。

地域における脱炭素のアプローチは地域金融機関も開始しており、地元企業のカーボンニュートラルを推進していく動きが始まっている。

地域の企業は、気候変動リスクを見極め、経営戦略を見直すと同時に、事業活動の脱炭素化に取り組む必要がある。前述の通り、企業がカーボンニュートラルを推進するためには、まず自社の排出量を見える化する必要がある。そのうえで、早期に取り組める電力の再エネ化等のフェーズから、サプライチェーン全体を対象とするスコープ3の中長期的に取り組むものまで、戦略的に実施していくことが求められている。

自治体や地域支援機関は、地域の脱炭素化の取り組みを実現していくと同時に、カーボンニュートラルに関連した産業の創出や企業等の脱炭素化の支援の両面で、地域に貢献していく必要がある。

支援機関として、最も重要なプレーヤーが地域金融機関であり、次のようなさまざまな形態で排出量の見える化、省エネ、創エネ、蓄エネ、活エネの観点から、地域脱炭素を推進していくことになる。すでに、地元企業への排出量の見える化支援については、見える化ソリューションを提供しているベンダーとの協業が開始されており、全国的に広がってきている。

① 地域金融機関が、自ら発電事業、電力小売事業を行う。銀行法の改正で、子会社の事業として展開が可能であり、すでに一部の地域で事業会社立ち上げの動きが始まっている。

② 地域金融機関が、自治体新電力に出資し、電力事業を支える。本形態は、多くの地

図26　脱炭素先行地域

脱炭素先行地域(73提案)

年度別選定提案数(共同で選定された市町村は1提案としてカウント、カッコ内は応募提案数)

R4		R5	
第1回	第2回	第3回	第4回
26 (79)	19 (50)	16 (58)	12 (54)

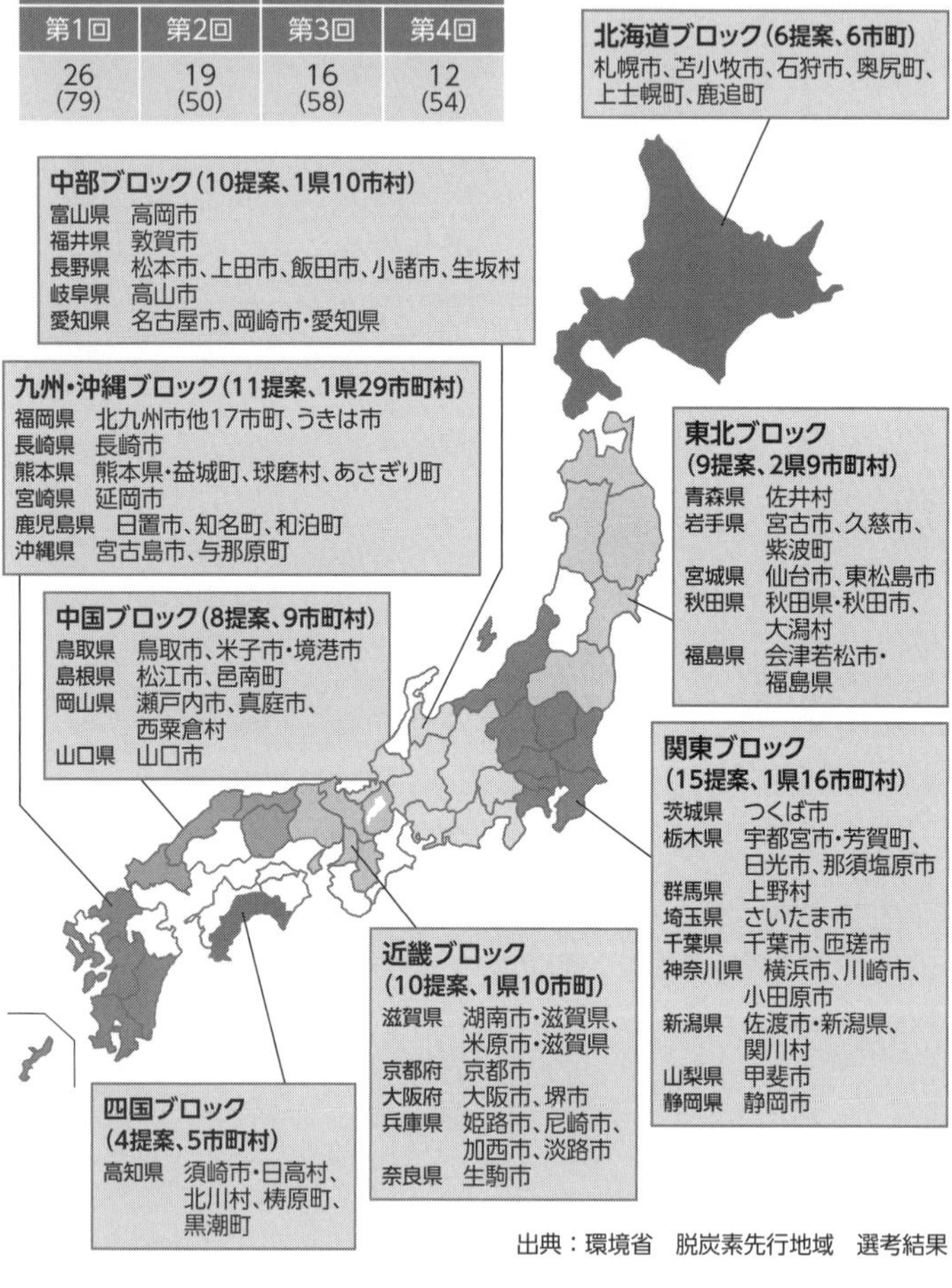

出典：環境省　脱炭素先行地域　選考結果

図27　地域金融機関による電力事業への取り組み

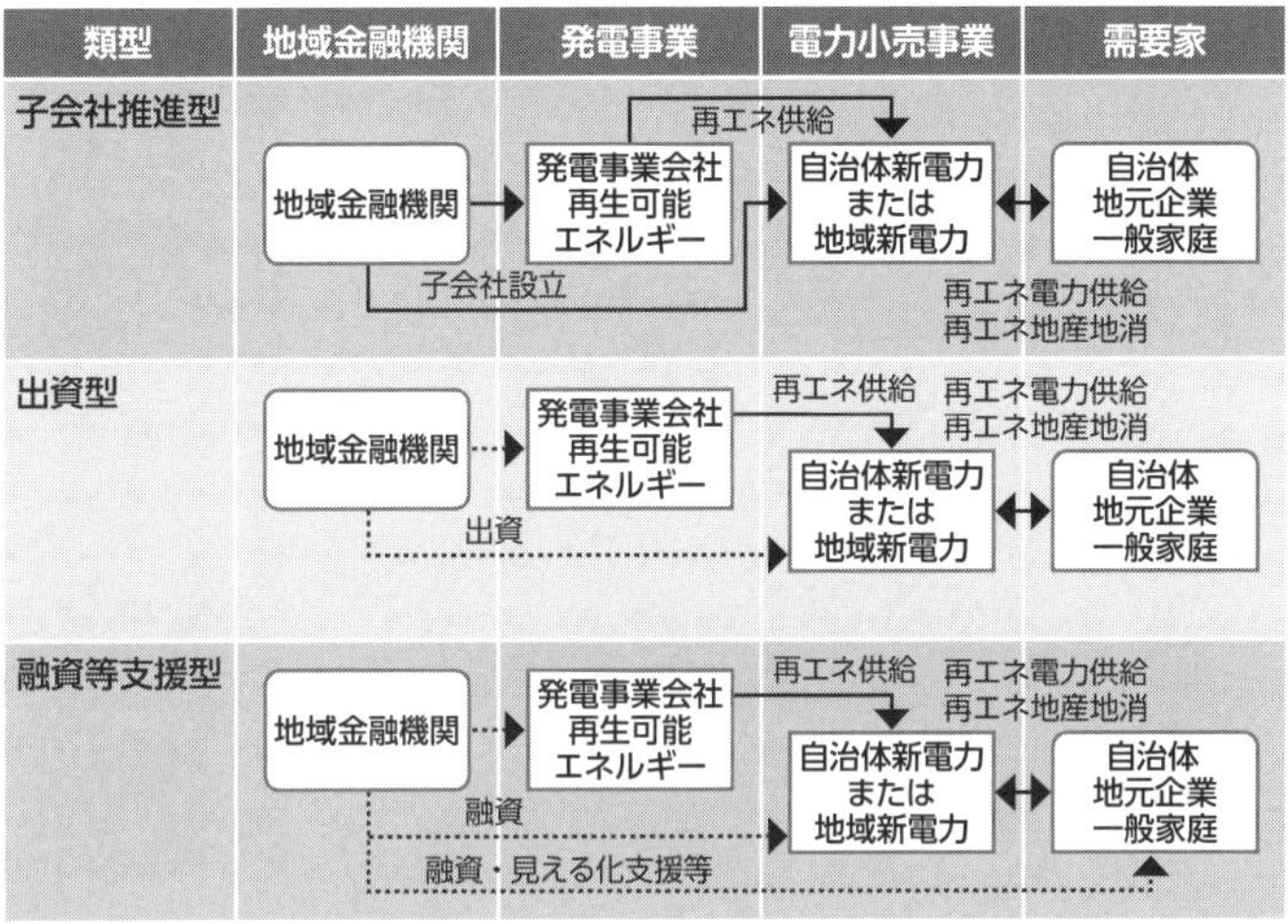

域で見られる形態であり、すでに地域脱炭素に貢献できているケースもある。

③　地元の企業の脱炭素化支援や融資、地元電力関連事業者への融資等での支援を行う。

地域における再エネの地産地消の実現に当たっては、投資が必要であり、補助金等の活用やＰＰＡモデルによる第三者所有形態（初期投資なし）等を含め、さまざまな手段を駆使して推進することと併せて、金融機関における投資支援はますます重要になっていく。

また、再エネの導入拡大においては、さまざまなリスクをヘッジするための損害保険サービスの活用、あるいは、ＰＰＡ事業においては、15～20年といった長期での事業リスクを背負うため、リース会社等を含めたバックファイナンスの重要性も高くなっていくであろう。

気候変動に関する財務情報開示を推奨するＴＣＦＤに賛同する機関は日本が最多であり、今後、地域金融機関としては、ＧＨＧ削減や気候変動リスクを考慮した投融資を拡大すると同時に、地域脱炭素を推進するうえで重要な役割を担うことになるであろう。

3-4 分散リソース活用の現状と課題

2030年度GHG排出量46%削減（2013年度比）、そして2050年カーボンニュートラルに向けて、第6次エネルギー基本計画上では、2030年の電源構成において、再エネ率を36～38%（うち、太陽光発電を14～16%）まで増加させることが目標となった。

現在策定中の第7次エネルギー基本計画でも、大きな目標に変更はないと想定され、目標達成のためには、需要家サイドにおいても、より一層の再エネ発電設備導入が必要となる。

需要家サイドにおける発電設備の導入としては、前述した通り、オンサイト・オフサイト方式での太陽光発電の導入があり、脱炭素化に資する取り組みとして、イニシアチブにおける評価が高い「追加性」のある再エネの調達方式となる。

特に、オンサイトの再エネは、自家消費の電力であり、卸電力価格高騰の影響を受けにくい。そのため、長期的な電気代の抑制に寄与すると同時に、カーボンニュートラルに貢献するものとして導入が進んでいる。オンサイト方式の場合は、系統接続を考慮する必要がないため、分散電源が増加する状況下で送配電網の強化が問題となっているなかでは合理的な方式となる。

但し、オンサイト方式には、現状の太陽光のテクノロジーでは設置場所に限界があるため、第4章で詳述するペロブスカイト等の新技術により、そのハードルを越えることが必須となると想定している。また、需要家における分散電源の活用としては、前述したオフサイトPPAや自己託送制度の活用がある。

需要場所（屋根上、同一敷地等）に、自社・他者の所有にかかわらず、太陽光発電設備を導入し、需要場所で消費するような形態は、「自家消費型」となるが、再エネ推進のみではなく、BCP対策としても有効となる方式である。

自家消費型の太陽光発電の導入においては、所有および契約形態に応じて、「自己所有」「オンサイトPPA」「リース」の三つに分かれる。「オンサイトPPA」は、需要場所に第三者であるPPA事業者が太陽光発電設備を導入し、需要家が自家消費分をPPA事業者に電気料金として支払う仕組みで、当初の需要家負担が少ない点で、事例が増加している。「リース方式」は、需要場所にリース事業者からリースした太陽光発電設備を導入し、リース事業者に消費電力量とは関係なくリース料金を支払う形態のことで、そこから電力を調達する仕組みである。PPAもリース方式も、設備の維持管理を事業者サイドが行うケースがほとんどである。

それぞれの方式においてメリット・デメリットがあるが、設備の扱い（処分・移転）の自由度、余剰電力の自由度（売電収入が得られるか）や、設備のメンテナンス、契約期間の縛り（ＰＰＡとリースは長期になる）、資産計上の観点（オフバランス、財務諸表の観点）に関して、導入する需要家の状況に応じて、最もメリットの大きい方式を採用することになる。

オンサイト方式では、需要場所の屋根に設備を設置するだけではなく、駐車場の屋根に設置する形態（ソーラーカーポート）の普及も始まっている。

ソーラーカーポート方式には、カーポートの屋根の上に太陽光発電パネルを設置するもの（太陽光発電搭載型カーポート）と、カーポートの屋根として太陽光発電パネルを用いるもの（太陽光発電一体型カーポート）の大きく2方式がある。駐車場の駐車スペースを確保したまま、駐車場の上部空間を有効活用できる点で、今後増えていく方式であると想定される。

また、本方式は、ＥＶの普及に伴い、蓄電池との組み合わせによる充電設備の併設等を含め、特にテクノロジーが進化し、発電量・蓄電容量が大容量になれば、非常に有望な方式となりうる。ＥＶに充電する電源が再エネとなる点で、促進される可能性が高い。

この方式に近い発想で、営農型太陽光発電の普及も開始されているが、ソーラーシェア

図28　分散リソース活用のシナリオ

仮説策定の概論

日本におけるエネルギー計画は、世界のカーボンニュートラルの流れを受け、再エネ比率の大幅見直し等舵を切ったが、今後はより一層の分散電源の活用を含めた大きな方向転換が必要となっている。

2050年のカーボンニュートラルに向けて、再生エネルギー等分散電源はEV等を含め今後ますます増加し、調整力も併せてより大きな容量が要求されるため、そのリソースをコントロールする必要性が増大することになる。

その分散リソースのコントロールを担うメインプレーヤーが、アグリゲーターであり、今後事業者の参入は増加する傾向になると想定する。

また、制度面でも、低圧リソースのポテンシャルが評価され、調整力のベースとなる需給調整市場において、2026年度に向けて活用できるよう制度設計が進められている。

さらに、ペロブスカイトや蓄電池等の分野でも、2030年に向けて普及拡大ができるよう政府も方針を出しており、これが実現すると分散電源は飛躍的に増加すると想定される。

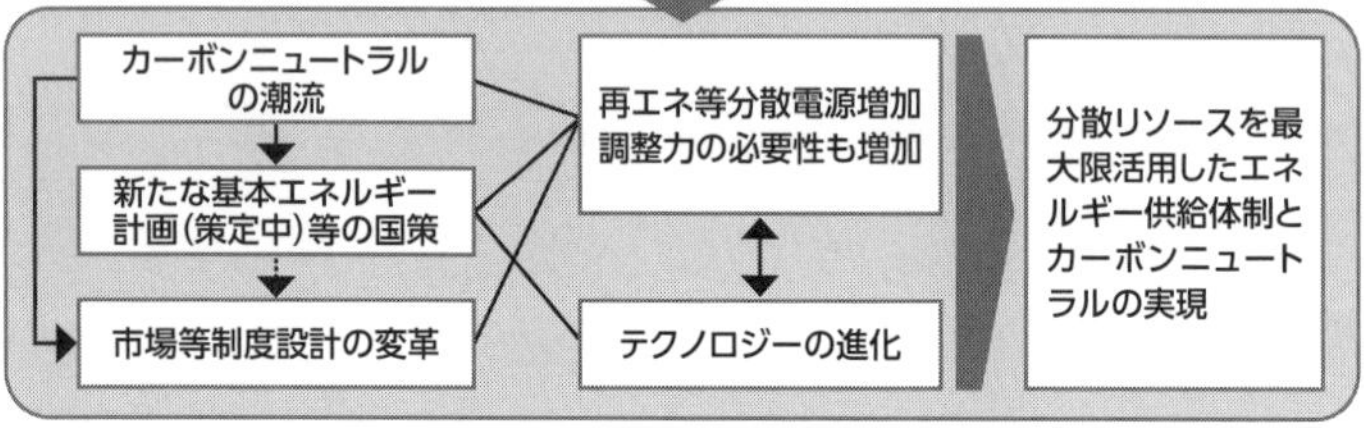

リングと言われる本方式では、農地の一時転用許可を受け、簡易な構造でかつ容易に撤去できる支柱を農地に立てて、上部空間に太陽光発電設備を設置し、営農を継続しながら発電を行う取り組みとなる。農家サイドでは、作物の販売収入に加え、発電電力の自家利用等による農業経営のさらなる改善が期待できる。

転用許可のハードルが高いという話もあるが、オフサイトの再エネ発電適地が少なくなっている現状からは、この方式も推進していくべきカテゴリーとなるであろう。

太陽光発電を有効活用するために、蓄電池の併設導入も開始されている。これにより、余った電力を溜めて必要な時に利用することが可能になった。蓄電池の導入コストが依然として高止まりしている状況下、まだスタンダードにはなっていないが、自家消費率向上・再エネ率が向上し、また、電力需要量の多い時間帯に、蓄電池から放電することで、最大電力需要量を抑える「ピークカット」、あるいは発動指令電源等DR参加によるマネタイズができ、電力の基本料金の抑制、購入電力量の削減が可能となる。さらに、災害等で停電が発生した場合にも、蓄電池の電力を非常用電源として使うことが可能となり、BCP対策としても有効となっている。

蓄電池に関連するサービスとしては、市場における電力のコストに合わせて、需要場所にある蓄電池を直接制御し、充放電することで電力コストを最適化するサービスも開始されている。小売電気事業者および需要家にとって、Win-Win モデルとして注目されている。

蓄電池の普及においては、導入コストの低減が必須であり、後述する系統蓄電池等を含め、テクノロジーの進化が導入促進の起爆剤になる。2030年頃に向けた、**ストレージパリティ**※3-3に期待したいところである。

※3-3　ストレージパリティ
蓄電池を導入したほうが、蓄電池を導入しないでいるよりも経済的メリットのある状態であり、テクノロジーの進化により蓄電池の導入にかかる費用よりランニングコスト削減額の合計が上回ることを指す。

分散電源の活用においては、需要場所へのフルの電力をどのように供給するかという観点で、小売電気事業者による供給のあり方が重要な要素となるが、電力の自由化当初において、市場における電源が十分確保できなかった時代に確立された「部分供給」という方式が活用されている。

部分供給は、複数の小売電気事業者から一つの需要場所に対して、一つの引き込みを通じて一体として供給される形態である。多くのケースでは、旧一般電気事業者（みなし小売電気事業者）と新電力の両方から需要家に電力を供給する仕組みとなる。

部分供給は、再エネの使用に適している。電力供給が安定しない場合でも旧一般電気事業者から電気の供給を受けていれば、安定して電気が使用できる。新電力サイドからすると、使用電力の変動部分や卸電力市場が比較的安い時間帯など、提供サービスとしてコスト削減可能な部分に絞って電力の供給ができる。これは需要家にとってもメリットがある一方で、新電力側の極端なオペレーション（市場が高い時には、全量を旧一電側に供給してもらうような計画運用等）で、本来の制度の趣旨とは異なる事例も見受けられるようになったため、制度の見直しが行われた。

新電力だけでは不足する供給量を、みなし小売電気事業者が補うよう、事実上義務付ける部分供給に代わる新たな制度の原案を明らかにした。

図29　蓄電池リソースの活用に関する考察

活用カテゴリ	調整力確保	出力制御回避	容量市場DR含む	ピークカット・シフト	インバラ調整	自家消費向上	BCP確保
系統蓄電池	●	●	●	―	●	―	―
再エネ蓄電池	●	●	●	―	●	―	―
産業用蓄電池	●	―	●	●	●	●	●
家庭用蓄電池	制度検討中	―	●（制御可能前提）	●（制御可能前提）	●（制御可能前提）	●	●
EVX	同上	―	―	△	△	●	●

活用カテゴリ	調整力確保	出力制御回避	容量市場DR含む	インバラ調整	ピークカット・シフト	自家消費向上	BCP確保
産業用蓄電池	●	―	●	●	●	●	●
①小売電気事業者・アグリゲーター・PPA事業者によるマネタイズ	←	—	—	—	→		
②需要家側のメリット創出によるマネタイズ					←	—	→

活用カテゴリ	調整力確保	出力制御回避	容量市場DR含む	インバラ調整	ピークカット・シフト	自家消費向上	BCP確保
家庭用蓄電池	制度検討中	―	●（制御可能前提）	●（制御可能前提）	●（制御可能前提）	●	●
EVX	同上	―	―	△	△	●	●
活用ベース					←	オンサイト側利用	→
			←	小売等事業者側利用	→		

新制度は、『分割供給』という制度となり、みなし小売電気事業者に限らず、一つの需要地点で2社からの供給を受けられる方式となる。現時点での部分供給の既存契約には一定の猶予を与えつつ、早ければ2024年10月に新制度へ移行する予定だ。

「部分供給に関する指針」を改正したため、制度類型の一つで、本来の趣旨とかけ離れた利用方法が確認された「通告型」については、すでに新規の受け付けを停止した。

資源エネルギー庁は、分割供給の供給形態として、主に二つのパターンを想定しており、一方の小売電気事業者が一定量を供給し、もう一方が需要追随供給を行う類型で、部分供給における「通告型」と「横切り型」および「時間分割型」の方式が認められることになった。

本制度が消滅すると、新規事業者における再エネ導入を含めた事業推進に対して、ある程度影響が出ると想定されていたため、分割供給という形態で残ったことはよかったと考えられるが、影響を受ける事業サービスも出てくることになる。

分散リソースの活用において、昼間の太陽光発電の出力抑制は大きな課題であるが、分散リソースの一つであるエコキュートの活用が開始されている。

家庭用自然冷媒ヒートポンプ給湯機である「エコキュート」の導入状況は、2022年3月末時点で国内累計出荷台数が900万台を突破し、全国世帯の約30%が使用している計算となる。

2009年には200万台、2013年には400万台、2018年には600万台と着実に普及が進んでおり、カーボンニュートラルの潮流のなか、2025年度には80万台もしくはそれ以上の販売が見込まれている。

太陽光発電設備等再エネ電源で発電した電力によってお湯を沸かす技術により、給湯需要の脱炭素化を実現し、再エネの出力抑制が行われる時間帯、つまり昼間にお湯を沸かす時間帯をシフトする、いわゆるおひさまエコキュートは、デマンドレスポンス活用の分野でも期待されている。


変更電源である再エネを含む分散リソースが増加するなかで、調整力の確保はますます重要になっており、従来その役割の中心であった化石燃料をベースとした火力発電が減少していくなかで、有望なリソースとして系統用蓄電池がある。

海外では、数百万kWという原発級の蓄電所ですでに運用されており、日本においても同様の活用が期待されるところである。

系統用蓄電池は、系統に直接接続され、電力システム全体の需給変動への対応に活用されるものであり、再エネの導入拡大に伴い、その果たす役割が増大している。

図30　分散リソース活用について

<電源構成>

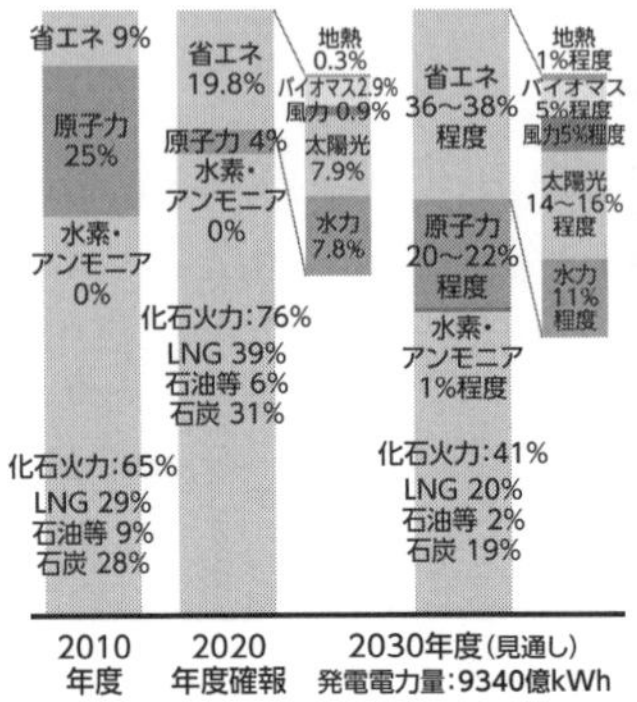

出典：総合エネルギー統計（2020年度確報値）等をもとに資源エネルギー庁作成

(GW)	導入水準(21年9月)	FIT前導入量+FIT認定量(21年9月)	ミックス(2030年度)	ミックスに対する導入進捗率
太陽光	63.8	81.6	103.5~117.6	約58%
風力(上段:陸上)	4.6	15.3	17.9	約19%
風力(下段:洋上)	−	0.7	5.7	
地熱	0.7	0.7	1.5	約41%
中小水力	9.8	10	10.4	約94%
バイオマス	5.3	10.3	8	約66%

※バイオマスはバイオマス比率考慮後出力
※改正再エネ特措法による失効分（2021年9月時点で確認できているもの）を反映済み
※太陽光の「ミックスに対する進捗率」はミックスで示された値の中間値に対する導入量の進捗

＋

分散リソースを最大限活用したエネルギー供給体制とカーボンニュートラルの実現

分散リソースの拡大

リソース	現状	2030年以降	増加率	特記事項
自家消費太陽光	1,260MW（2021年時点）	4,460MW（2035年予想）	4.3倍	
蓄電池（家庭用）	49万台(2020年累計)	314万台	6.4倍	
蓄電池（産業用）	0.9GW（2025年想定）	2.4GW	2.6倍	
系統蓄電池	5.7MW(2020年)	429.7MW	75.8倍	
エコキュート	900万台（2023年）	1,590万台	1.8倍	
エネファーム	39.3万台（2020年）	300万台	7.6倍	
EV	0.77%（3万台）（新車:PHEV、EV）	20-30%(政府目標)	38倍	

２０２１年度から補助金による系統用蓄電池の導入支援が開始され、２０２２年に電気事業法を改正し、１万kW以上の系統用蓄電池から放電する事業を「発電事業」と位置付け、系統用蓄電池の法制的な位置付けを明確にすると同時に、発電事業者に対する規制と同様の規制を課すこととなった。

さらに、２０２３年度からは、容量市場の追加オークションである長期脱炭素電源オークションにおいて、系統用蓄電池が支援対象となったため、多くの事業者が応札し、２０２４年１月に実施された初回オークションでは、計１０９万kWが落札された。

系統用蓄電池におけるマネタイズの出口としては、電力卸市場はもちろんであるが、容量市場や需給調整市場での活用が見込まれ、電気事業者としてはインバランスの調整力としても有効利用が考えられている。

容量市場は、将来の供給力（kW）を取引する電力市場であり、蓄電池は、応動時間が短いといった特徴を考慮し、容量管理を適切に行えば、供給力としては十分活用ができることになる。２０２３年度容量市場メインオークション（対象実需給年度：２０２７年度）では、蓄電池は８万kW（全体の０・０５％）が応札された。

長期脱炭素電源オークションの第１回入札（２０２４年１月実施）においては、脱炭素電源の募集量４００万kWのうち、蓄電池が１０９・２万kWの容量を落札した。

需給調整市場ではこの制御機能等を踏まえ、応動時間や継続時間に応じて一次から二次①②、三次①②までの5つの商品を取り扱う予定であり、この市場でも応動時間の短い系統蓄電池が有効に活用される方向である。

需給調整市場は、2021年度から低速域の三次②の広域調達が開始され、2022年度からは三次①の調達を開始し、他商品は2024年度から取引を開始している。

系統蓄電池と併せて、活用が期待されている再エネ併設型の定置蓄電池であるが、再エネ併設蓄電池に関する再エネ特措法関連法令が改正され、再エネ併設蓄電池の系統充電が可能となるとともに、当該蓄電池の発電時に再エネで充電した電気の量については、一定の要件の下でFIPプレミアム交付の対象となったため、導入が促進されると想定される。

世界的にも、蓄電池の導入量は過去10年間で増加しているが、とりわけ過去5年間の導入は顕著であり、2030年には2023年の6倍に増加するとの試算がある。

再エネ導入拡大に伴う調整力は、世界全体で2030年に2倍、2050年には4・5倍になると予測されており、蓄電池は、2050年に短期調整力の約3分の1以上を占めるまでに拡大するとの見方がある。

一方で国内においては、系統用蓄電池の接続検討・接続契約の件数は、直近1年間で約

3倍と急増しており、2030年の系統用蓄電池の導入見通しは、約14・1〜23・8GWhと見込まれる。

調整力として非常に有効な系統蓄電池等の分散リソースであるが、大きく普及するためには、コスト面や系統制約、設置における地元への説得等まだまだ課題は多く、今後、規制緩和や制度設計を含めた後押しの施策に期待したい。

3-5 アグリゲーターサービスの活用

カーボンニュートラルに向けて分散リソースが増加するなかで、発電サイドや需要家サイド、または両方の分散リソースをフル活用する必要があり、その活用をスムーズに行うために、アグリゲーターというカテゴリのビジネスを支える制度設計が進められた。

2022年4月1日から開始された特定卸供給事業者制度は、分散型エネルギーリソースのとりまとめを行う事業者、つまりアグリゲーターが、一定の条件を満たした場合に経済産業大臣に届出を行うことで事業を開始できる制度である。小売電気事業者のライセンス制とは異なり、事業を実施する30日前に届出を行うことで事業を開始できる。

但し、容量市場や需給調整市場への参加が前提となると、それぞれの市場への参加要件を満たし、かつ審査をクリアしておく必要があり、セキュリティガイドラインに基づいた指令を受け取る仕組みとの接続等を考慮すると、それなりの期間（需給調整は1年程度）が必要となる。

アグリゲーターは、発電・需要家サイドのエネルギーリソースを束ね、小売電気事業者や送配電事業者の間に立って、電力の需要と供給のバランスコントロールや、エネルギーリソースの最大限の活用に取り組む事業者であり、このビジネスを指して、エネルギー・リソース・アグリゲーション・ビジネス（ＥＲＡＢ）と呼んでいる。

ＤＲをはじめ、分散型エネルギーリソースを多数束ねてコントロールし、仮想の発電所（ＶＰＰ：Virtual Power Plant）のように機能させ、再エネのフル活用促進、電力のレジリエンス向上、電力コストの最適化に資する次世代のエネルギービジネスとなる。

分散型エネルギーリソースを統合・制御し、ＶＰＰやＤＲからエネルギーサービスを提供する事業者であるアグリゲーターは、リソースアグリゲーター、アグリゲーションコーディネーター（以下、「アグリゲーター等」）の階層を構成することがあり、両方の役割を兼ねる事業者も存在する。

リソースアグリゲーターは、需要家とＶＰＰサービス契約を直接締結してリソース制御を行う事業者であり、リソースアグリゲーター経由で集めた電力も含め、アグリゲーションコーディネーターが制御した電力量を束ね、一般送配電事業者や小売電気事業者と直接電力取引を行う事業者となる。

ＶＰＰ・ＤＲにより実現する効果としては、①経済的な電力システムの構築、②再エネの導入拡大時における出力抑制等の最小化、③系統安定化コストの低減がある。

① 発電コストの削減による経済的な電力システムの構築

ＶＰＰ・ＤＲによりピーク時間帯の需要量を抑制し、また、別の時間帯にシフトすることで、電力需要の負荷を平準化することが可能となり、結果、電源の焚き増し等によりその時間帯において高くなると想定される発電コストを抑制することができる。

発電リソースは、通常、電力需要ピーク時間帯をカバーできるよう維持・管理されており、そのピーク時間帯の電力需要を抑制することにより、結果的に維持費や設備投資を抑えることが可能となる。

② 再生可能エネルギーの導入拡大時における出力抑制等の最小化が可能

太陽光等の再エネは、気象条件にディペンドしている変動電源であり、火力をベースとした他の電源の出力を調整することにより、この変動分を吸収し、需給のバランスを保っている。

カーボンニュートラルの進展により、分散リソースである再エネ発電が増加すると、現時点で全てのエリアで発生し、その再エネの発電量がプラスされることにより、需要量を上回る発電量が生み出され、再エネの出力抑制により需給バランスを維持している。

実際に、九州エリアでは、２０２４年度の出力抑制の見通しとして、再エネ発電量の

図31　アグリゲーションビジネスについて

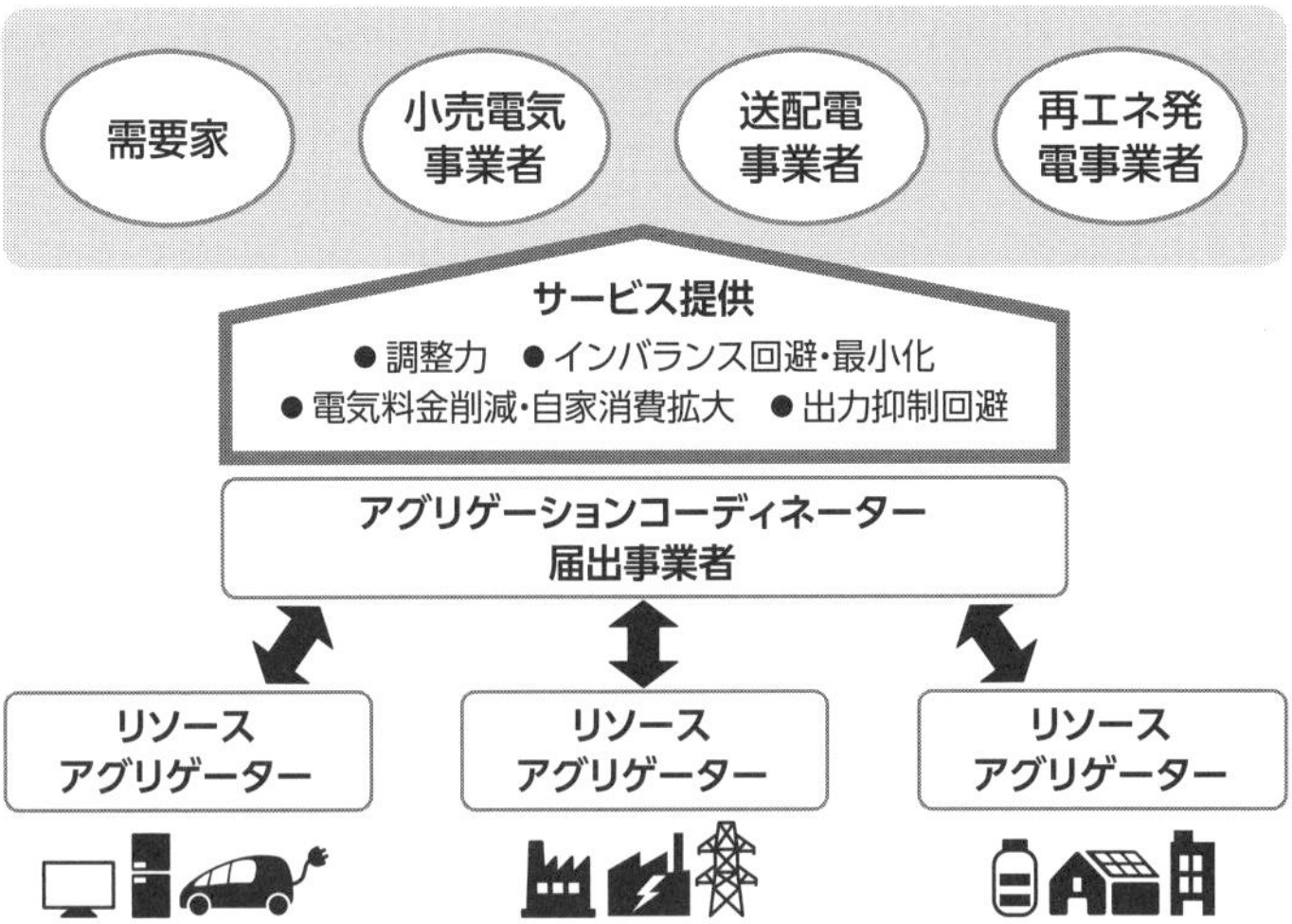

6・1%に当たる約10億kWhが、出力抑制される事態になっている。

VPP・DRにより需要を創出し、発電した電力の有効活用が可能となり、実際に捨てられている貴重な再エネの電力を最小化することができる。

今後、テクノロジーの進化によりペロブスカイトの商用化や蓄電池の大容量・低コスト化が実現するフェーズでは、より多くの再エネ発電が分散リソースとして活用されることになるため、需給のバランスを保ち、出力抑制を最小化するために、VPP・DRを活用するアグリゲーターの存在は重要になる。

③ 系統安定化コストの低減

従来、火力発電や揚水発電などのピーク電源の活用により、電気の安定供給、系統安定化が実現されてきた。ＶＰＰ・ＤＲにより太陽光発電・蓄電池等需要家サイドの分散リソースをコントロールし、気象により大きく変動する分散電源等のフル活用が実現され、結果、電力系統のコスト削減や安定化に寄与することになる。

アグリゲーターが実現するＶＰＰ・ＤＲの活用においては、ポジワット・ネガワットの両方の取引が実現されることになる。

ネガワット取引は、アグリゲーターと需要家および小売電気事業者、送配電事業者等との事前の契約に基づき、電力需要の逼迫時において使用する電力を抑制する取引である。

小売電気事業者が、自社の取引先である需要家に対して、ピーク時間帯に使用電力の抑制を依頼する形で、その対価としてポイントや割引等のインセンティブ型の下げＤＲもあれば、エコキュートや蓄電池等を直接制御し、需要家の電力コストを最適化すると同時に小売電気事業者の電力調達コストの抑制を図るWin-Winモデルもある。

また、容量市場等における発動指令電源では、アグリゲーターが主に法人の需要家（工場や大型店舗の展開をしているような需要家）と契約を締結し、厳気象時に発令されるＤＲ

図32　アグリゲーターの類型(AC:アグリゲーションコーディネーター)

AC類型	概要
需要AC	需要家側の負荷をコントロールして、裁定市場取引や小売事業者の供給力・送配電事業者の調整力を創出 ※需要家のピークカットを実現して、余剰電力を市場取引するのみの事業形態も含む
発電AC	小規模な発電所(例:ごみ発電等)や再エネをアグリゲートし、発電事業者の収益向上や安定化を創出
VPP AC	需要家側および発電側の双方をコントロールし、主に裁定市場取引や小売事業者の供給力・送配電事業者の調整力を創出

※一部の事業者は、プラットフォーマーとしてサービス提供
※AC:アグリゲーションコーディネーター

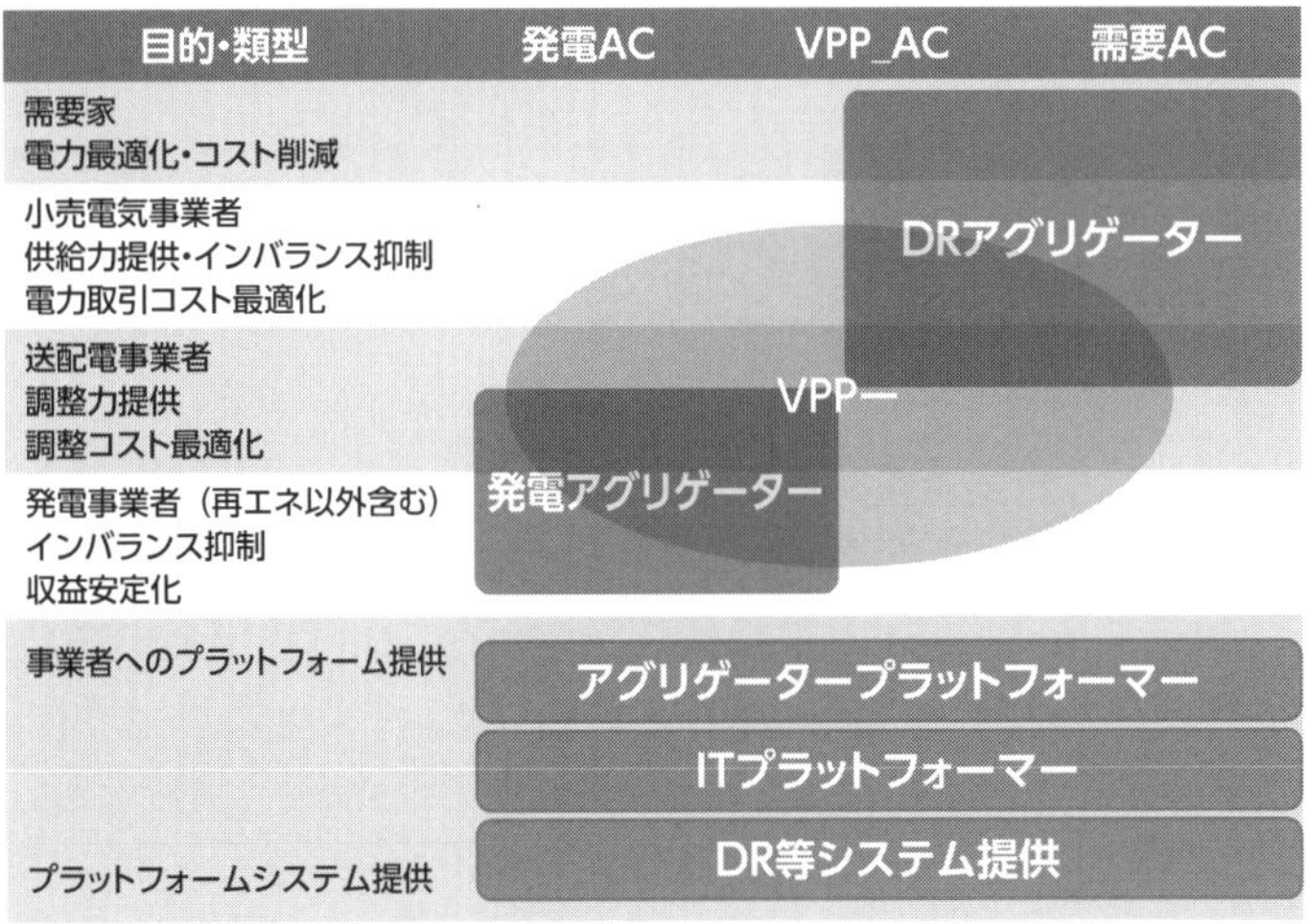

※アグリゲータープラットフォーマー:
アグリゲータに事業の仕組みを提供(自社がアグリゲーターの場合も多い)

に対して、より大きな報酬を得るビジネスも成立している。

ネガワット取引の類型は、目的・用途によって大きく三つの類型がある。小売電気事業者の「計画値同時同量」の達成においては、類型1①小売電気事業者が自社の需要家によって生み出された需要抑制量を調達するものと、類型1②他の小売電気事業者の需要家によって生み出された需要抑制量を調達するものがある。

また、類型2としては、一般送配電事業者の「調整力」としての活用がある。

2017年4月、ネガワット取引の開始により、類型1②によるネガワットの日本卸電力取引所(JEPX)での取引が可能となった経緯があるが、その後、一般送配電事業者が公募により行う調整力調達にも、2017年度分(電源Ⅰ厳気象対応調整力)より、DRを活用した応札(類型2)が行われてきた。現在は、「需給調整市場」や「容量市場」におけるDRの活用が開始されており、今後再エネを含めた分散リソースの増加等でアグリゲーターの役割は大きくなっていくと想定される。

低圧リソースの活用は、リソースの直接制御の増大や、ダイナミックプライシング等のサービスメニューとの組み合わせ等で行われていくと想定されるが、今後の制度設計において、アグリゲーター等の事業者が参入しやすい、また、事業負担等が少ない方向になることを期待している。

第4章 カーボンニュートラルを実現するイノベーティブな電力サービスとその活用

本章では、カーボンニュートラル時代に電力サービスを展開していく既存の事業者や今後新規参入する事業者、カーボンニュートラルを支援するビジネスを展開するプレーヤー、およびカーボンニュートラルを推進中またはこれから推進する需要家に向けて、今後の電力サービスの向かう方向を考察・解説する。ベストな電力サービスを提供または享受するために、どのようなアクションをしていくべきか、アウトラインを示すことにする。

4-1 カーボンニュートラルを目指す電力サービスへの道筋

カーボンニュートラルの進展のなかで、どのような電力サービスが必要になるか、また需要家サイドのニーズが大きくなるかを、業界・市場・制度、テクノロジーに基づいた仮説によるターゲット事業者のビジネスシナリオを想定したうえで、電力サービスのソリューション構築・展開を概観する。

まずは、シナリオの源流となるカーボンニュートラルの潮流であるが、気候変動による災害激甚化・食糧等各種問題化等に伴うカーボンニュートラルの動向は、中長期的に見て世界的に推進される。また、日本においても、その傾向は同様であり、サプライチェーンのなかで中堅企業以下も対応が徐々に求められるようになり、トップランナーを含む大企業から再エネ獲得の要求はますます強くなり、ニーズが拡大していくと想定される。

電力システムの川上にあるエネルギー市場においては、今後も世界で発生するアンコントロールな事象により、エネルギー市場は高騰する可能性がある。かつ、カーボンニュートラルのニーズ拡大を背景に、再エネの原料や技術の地政学的なリスクは今後も増大する。

日本においては、再エネに関しても、製品・技術面で輸入に当面頼ることになり、製品コストやO&M※4-1を含めた事業コストは不安定になる可能性が大であり、カーボンニュートラル推進のうえでの障害になる。

また、日本国内における規制等もあり、現状のままでは日本における再エネ比率は計画通りには推進できない可能性が高い。カーボンニュートラル実現のために不可欠となる再エネ価値は、より高くなる確率が上昇する。

業界・制度面では、現在低迷している需給調整市場の整備が進む方向にあり、取引が拡大すると同時に調整力の価値はより向上することを期待している。さらに、調整市場における低圧リソースの活用が本格的に拡大することにより、新たなサービス展開が可能となり、技術面や運用コスト面の課題はあるものの、ある程度事業機会も増えると想定される。

マスタープランに基づく、連系線を含めた送配電網の強化によりエリア間での再エネ電力の流通がよりスムーズになり、電力取引も拡大、出力抑制の削減等が実現される可能性

※4-1　O&M（オペレーション&メンテナンス）
太陽光発電や蓄電池等の設備の運転管理業務や維持管理業務を行うこと。通常は、設備のオーナーの委託を受けてサービス事業者が実施する。

図33　事業環境シナリオ検討のためのマイルストーン

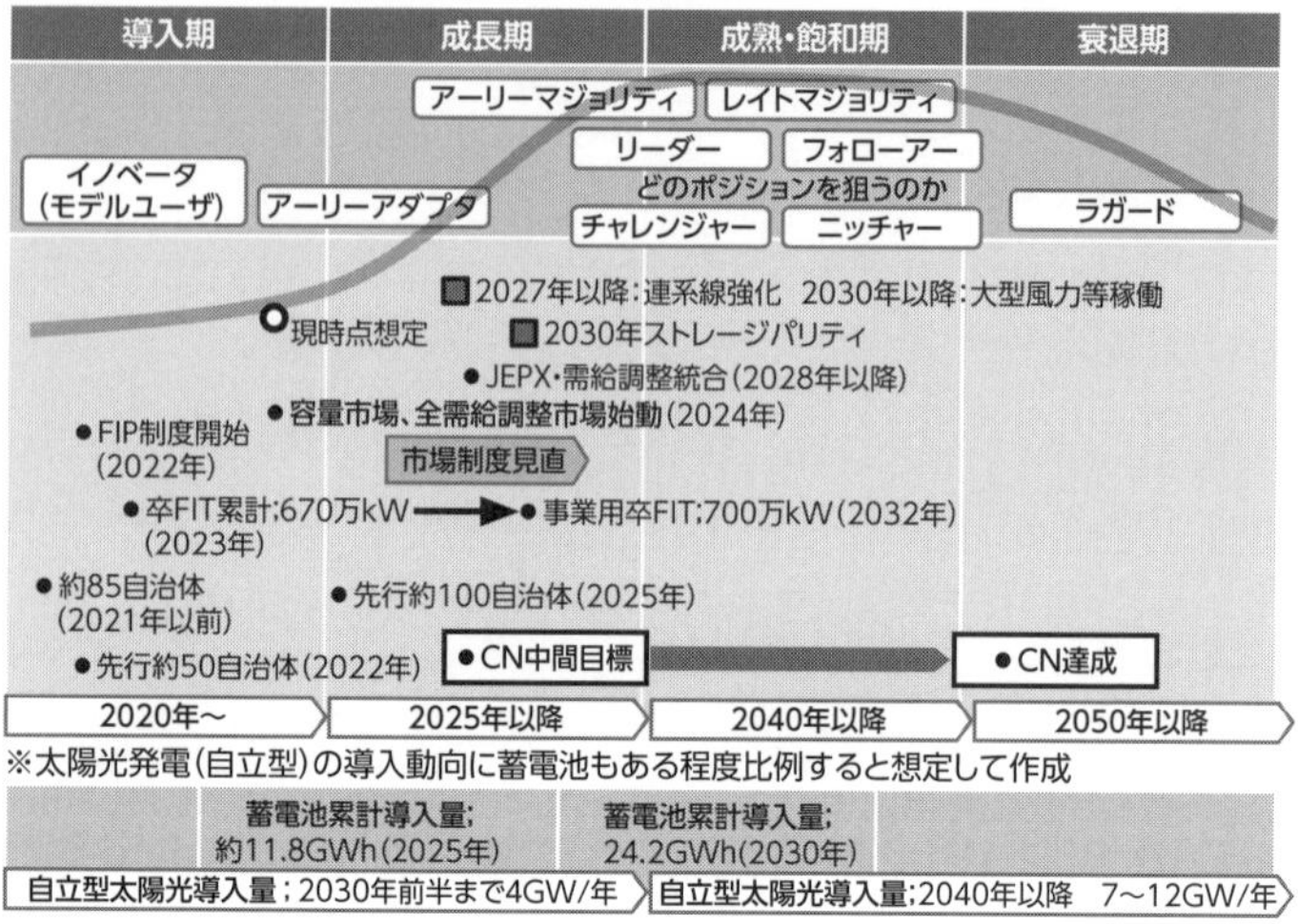

がある。但し、現時点でもその対投資効果が疑わしいエリアの送配電網強化等には再検討の余地が大いにあると考える。

　このように再エネビジネスが拡大するなかで、アグリゲーター等の事業者も増加し、他業種とのコラボ、現行電力事業との兼業等を含め事業形態もさまざまな形で進化すると想像する。

　日本におけるカーボンニュートラル実現のために必須条件となるテクノロジーの進化については、現在注目されているフィルム型太陽光であるペロブスカイトの商用化や、次世代の蓄電池である全固体電池等の低コスト大容量化に期待している。

　ペロブスカイト、蓄電池、ＥＶ等の進化・拡大に伴い、結果的にオンサイトにお

図34　事業環境シナリオ検討のためのポイント

カテゴリ	概要	機会	リスク	2020年代	2030年代	2050年
カーボンニュートラル	世界動向と日本の方向性 日本企業の対応 エネルギー基本計画 GX戦略の方向性（政策等） その他再エネ動向 原子力・風力等	●	△	2021年見込 277億円 → オンサイトPPA事業規模予想 → ●COP21 2021年 ●第6次エネルギー基本計画 2021年 CNの基本的な流れは変わらないと想定 →	2035年予測 2,553億円 ●CN中間目標	●CN達成
エネルギー市場	エネルギー市場動向 電力市場動向（卸市場、非化石証書市場、容量市場、需給調整市場）	●	●	●非化石証書市場変更 2021年 ●JEPX・需給調整統合（2028年以降） ●容量市場、全需給調整市場始動（2024年） 市場制度見直 →		
法制度	改正省エネ法:時間帯別評価等 関連法令:特にオフサイト関連（土地造成、環境評価等） 電気事業法:保安規制等	●	●	●改正省エネ法（2022年）		
電力制度関連	託送関連:マスタープラン、コネクト&マネージ（ノンファーム接続） レベニューキャップ、発電託送料金 配電事業 FIP制度/非FIT（卒FIT含む）	●	△	●マスタープラン（2022年） → ●送配電網強化（2027年～2030年）※大型風力等稼働開始 → ●ノンファーム接続本格化（2022年後半） → ●再エネ拡大における託送運用の変革 ●レベニューキャップ、発電基本料金（2023年） ●配電ライセンス（2022年） ●FIP制度開始（2022年） ●卒FIT累計:670万kW（2023年） →	●事業用卒FIT:700万kW（2032年）	
電力小売事業関連	新電力の動向（電気料金の方向性:料金高騰、ダイナミックプライシング）	●	△	●先行新電力開始（2021年） ●旧一電開始（2022年）		
地域脱炭素	自治体新電力（マイクログリッド等）の動向	●		●約85自治体（2021年以前） ●先行約50自治体（2022年） → ●先行約100自治体（2025年）		
テクノロジー	太陽光・蓄電池のテクノロジーおよびコスト方向性 EVの動向	●			●太陽光新技術（2030年代） ●ストレージパリティ	

ける再エネの「自家消費」が増加する。また、この分散リソースの直接制御による新たなサービスも出現している。今後は、再エネ増加とともに、ますますニーズが高くなる調整力においても、再エネ由来の調整力が新たな価値を保有する可能性もある。

電力提供サービスの分野においても、ＡＩ、ＩｏＴ等を含めたＩＴ×エネルギーのサービスが進化し、よりローコストのクラウドサービスが提供されると想定され、その基盤を提供するいわゆるプラットフォームサービスにおいてもマネタイズの大きなチャンスが生まれることになる。

カーボンニュートラルを支えるビジネスモデルとしては次のようなものが想定され、それぞれのモデルの下で、サービスが展開されることになるであろう。

【想定されるビジネスモデル】

・再エネをできるだけ多く扱えるビジネス
・再エネを１００％使い切るモデル
・調整力をビジネスにするモデル
・再エネ増加に伴うリスクを可能な限り最小化するモデル
・需要家に再エネトータルサービスを提供できるモデル

・再エネビジネスを支援するプラットフォームモデル

【想定サービス】

・省エネ・創エネ・蓄エネ・活エネのトータルサービス
・DR・蓄電サービス（分散リソースの直接制御含む）
・右記サービス＋αマネタイズモデル
・右記サービス＋ダイナミックプライシング供給サービス（レコメンドサービスや料金メニュー自動切り替えサービス、変動定額や即時決済・前払いサービスを含む）
・右記サービス参入を容易にするプラットフォーム提供サービス（エリア事業者に提供し、一定のシェア・市場ポジションを確保する）

一方で、需要家サイドとしては、カーボンニュートラル実現のためのトータルサービス、電力コストと再エネ導入のバランス最適化サービス等が求められる。

トップランナーの大企業は、自社でもカーボンニュートラルを推進できる組織力があるが、中堅以下になると、そもそもカーボンニュートラル推進をどのように実現していくのか、「見える化・省エネ・創エネ・蓄エネ・活エネ」のサイクルや仕組みを、どのように構築するのかなど、なかなか推進できない状況でもある。

サプライチェーンにおけるカーボンニュートラルがより強く要求されるようになると、対応が不十分な大企業や、その取引先である中堅以下の企業が、待ったなしでカーボンニュートラルを推進しなければならなくなる。

その際に、小売電気事業者やアグリゲーター、または再エネサービス事業者、カーボンニュートラル化支援事業者等のトータルなサービスや、コスト最適化のサービスがより一層求められるようになるであろう。

日本における電力の小売全面自由化が２０１６年4月に開始され、その後カーボンニュートラル化に向けた業界・制度の大きな変革が徐々に始まり、電力に関わるサービス事業者も電力を活用する需要家も同じ方向性を向いて、カーボンニュートラル時代の電力の供給をどのように実現していくのかを真剣に考える時期に来ている。

日本においては、エネルギー市場が高騰した際にも、政治的な動きのなかで激変緩和措置等電力のサービスにまつわる正の状況を無理に捻じ曲げてきた結果、電力量抑制に関する需要家の意識醸成ができずにここまで来てしまった状況がある。今後、分散型リソースが増えて、電力コストがより高く変動してしまう時代に備えて、電力サービス事業者サイド発信で、需要家の意識を変えていく必要がある。

図35　カーボンニュートラル観点で見た事業検討の方向性の考え方

業界・市場・制度、テクノロジーに基づいた仮説によるターゲット事業者のビジネスシナリオからソリューション構築・展開を検討する

項目	仮説シナリオ
カーボンニュートラル	気候変動による災害激甚化・食糧等各種問題化等に伴いCNは世界的に推進される。 日本においても同様であり、サプライチェーンのなかで中堅企業以下も対応が徐々に求められるようになる。 大企業から再エネ獲得の要求はますます強くなり、ニーズが拡大していく。
エネルギー市場	世界で発生するアンコントロールな事象によりエネルギー市場は今後も高騰する可能性がある。 CNの世界的なニーズを背景に、再エネの原料や技術の地政学的なリスクは今後も増大する。 日本においては、再エネに関しても輸入に当面頼ることになり、製品コストやO&Mを含めた事業コストは不安定になる可能性が大きい。 規制等もあり、現状のままでは、日本における再エネ比率は計画通りには推進できない可能性もあり、再エネ価値はより高くなる確率は上昇する。
業界・制度	調整市場の整備が進む方向であり、取引が拡大すると同時に調整力の価値はより向上すると想定。 低圧リソースの活用が本格化し拡大することにより、新たなサービスができ、事業者も増える。 連系線を含めた送配電網の強化によりエリア間での再エネ取引も拡大できる可能性がある。 再エネが拡大する中でアグリゲーター等の事業者も増加し、事業形態もさまざまな形で進化する。
テクノロジー	ペロブスカイト、蓄電池、EV等の進化・拡大に伴い再エネの「自家消費」が増加再エネの調整力が新たな価値も保有するようになる可能性もある AI等を含めたITxエネルギーのサービスが進化、よりローコストクラウドサービスが提供される エリア・事業の特性を活かしたプラットフォームビジネスが成立（集約した再エネの再活用モデルも検討可能）

ビジネス検討の視点

- 再エネをできるだけ多く扱えるビジネス
- 再エネを100%使い切るモデル
- 調整力をビジネスにするモデル
- 再エネ増加に伴うリスクを可能な限り最小化するモデル
- 需要家に再エネトータルサービスを提供できるモデル
- 再エネビジネスを支援するプラットフォームモデル

サービスモデル

- 省エネ・創エネ・蓄エネ・活エネのトータルサービス
- DR・蓄電サービス
- 上記サービス+αマネタイズモデル
- 上記サービス+ダイナミックプライシング供給サービス
- 上記サービス参入を容易にするプラットフォーム提供サービス（エリア事業者に提供し、一定のシェア・市場ポジションを確保する）

図36　カーボンニュートラル関連サービスの組み立て

項目/サービス	見える化	省エネ	創エネ	蓄エネ・活エネ
サービス	脱炭素コンサルティング	EMS	PV+蓄電池導入 EPC+O&Mサービス	EV 蓄電池
プラットフォーム事業	CO_2見える化ツール	エネマネサービス	DSR運用サービス 非化石証書提供 CNポータルサービス PPA 自己託送	調整力提供サービス
ターゲット	・カーボンニュートラルの取り組みを今後開始する企業で見える化ができていない企業；中堅企業 ・見える化はできているが、人海戦術で対応している企業;大企業も対象 ・Scope3への取り組みを本格化する企業;大企業（コンサルティング）	・省エネが十分進んでいない企業;中堅企業 ・省エネはある程度進めているが、さらに深掘りしたい企業；大企業も含まれる（専門コンサルティング） ・EMS等が導入されていない企業 ・ピークカット・節電を検討している企業 ➡DRサービスと合わせて提案	・再エネ導入を本格的に推進したい企業 ・RE100あるいはRE Action宣言企業 ・カーボンニュートラル推進企業 ・Scope2から取り組む企業（見えるかサービス時点から提案。または創エネフェーズから提案可能）	・再エネ自家消費最大化およびEV保有必須の事業者 ・BCP等を推進する事業者等 PV+蓄電池を組み合わせたDRサービスやトレーディングサービスも提案可能

もちろん、これと併せて、日本としての国力もこれ以上低下することのないように、サービス事業者と需要家がWin-Winモデルを構築するなかで、カーボンニュートラルを最適な形で実現していくことが必要である。

4-2 カーボンニュートラル実現に向けた業界・制度のあり方

カーボンニュートラルの実現に向けて、市場の変革や制度設計の見直し、送配電網の強化等が順次検討・実施されているが、本当に将来的に必要な施策なのかなど、一度立ち止まって考える必要があるのではないだろうか。

サービス事業者への影響や制度等の変更に伴うコストの実質的国民負担を考慮し、かつ、島国である日本固有の条件を加味した場合、本当に必要な制度・施策なのかを、電力市場、送配電ネットワーク、電力供給サービス等の観点から見ていくことにする。

まず、電力市場の観点であるが、現時点で日本におけるメジャーな電力関連市場としては、日々の需要を支える電力 kWh を取り扱う電力卸市場、4年後の実需給に対応する供給力である kW を取り扱う容量市場、需給バランスを適正に保つための調整力 ΔkW を扱う需給調整市場がある。

再エネを含む分散型リソースの増加は、従来の安定電源である火力発電の減少をもたらし、従来の需要予測のブレだけではなく、厳気象下、また、天候不順による再エネの発電量変動等に対応するための調整力の重要性を高めていく。

2027年の供給力についての2024年のオークション全国の応札容量は、合計で1億7162万kWであり、内訳として、安定電源が1億6072万kW（93・6%）、変動電源（単独）が432万kW（2・5%）、変動電源（アグリゲート）が58万kW（0・3%）、発動指令電源が600万kW（3・5%）となっている。

再エネ等をベースとした変動電源とアグリゲーションビジネスに支えられている発動指令電源についての割合が全体の6%強しかない状況であり、長期脱炭素に関わる容量を増やしていく想定となっている。

追加オークションである長期脱炭素電源オークションは2023年に開始されているが、多くの事業者が参入している系統用蓄電池が支援対象となったため、2024年1月に実施された初回オークションでは、募集容量の約4分の1が蓄電池の分野で落札された。

前述した通り、系統蓄電池におけるマネタイズ手段は、電力卸市場、容量市場や需給調整市場での活用であり、また、電気事業者としては、インバランスの調整力の活用もある。

容量市場において、蓄電池は、応動時間が短いといった特徴を考慮した場合、容量管理を適切に行えば、供給力としては十分活用できることになり、2023年度容量市場メイ

図37　系統蓄電池　ビジネス参考モデル（収益構造）

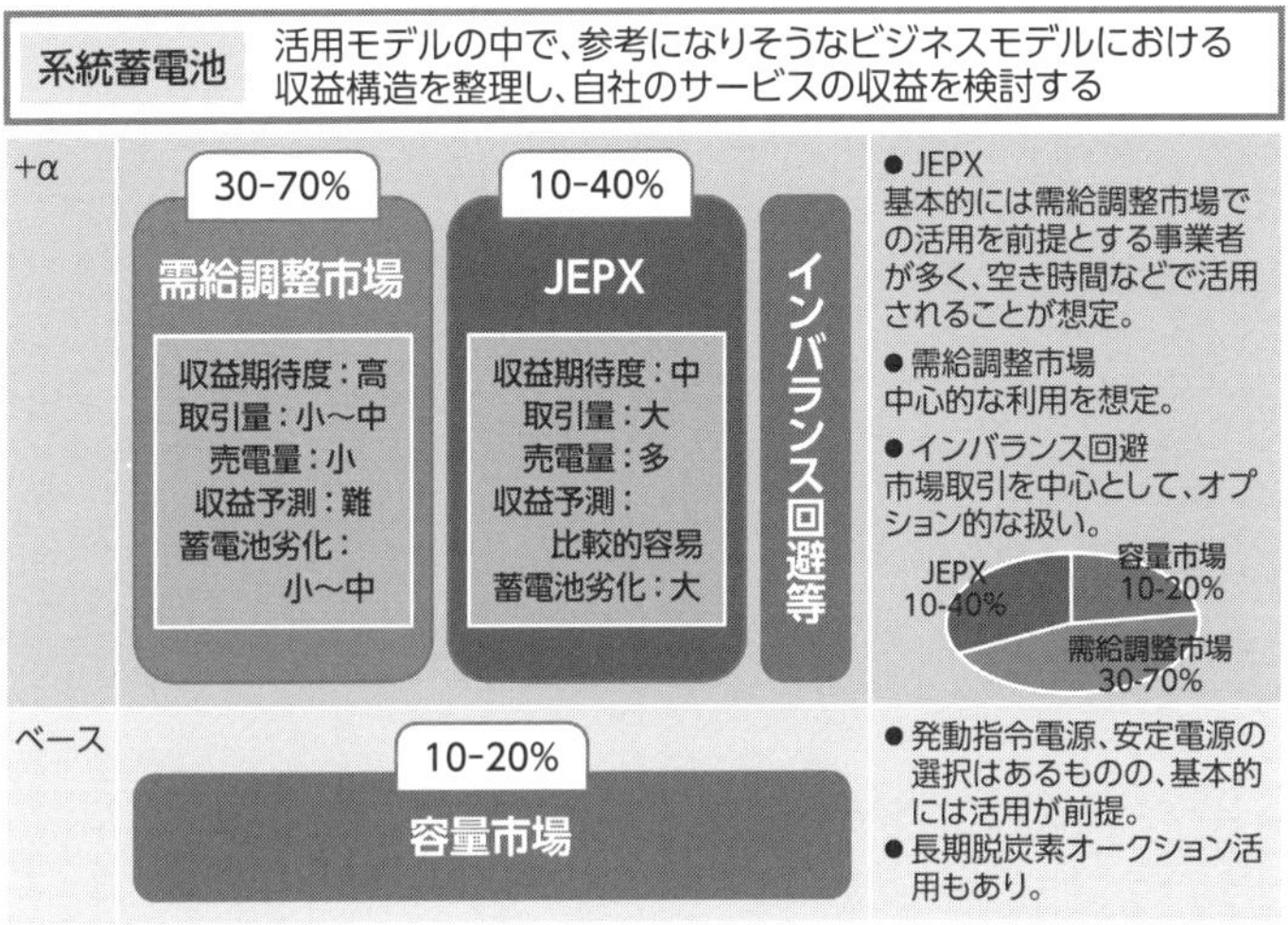

ンオークション（対象実需給年度：２０２７年度）では、蓄電池は８万kW（全体の０・０５％）応札され、２０２４年１月のオークションでは、脱炭素電源募集量４００万kWのうち、蓄電池が１０９・２万kWの容量を落札する結果となった。

本容量市場における課題としては、制度検討時点で議論された旧一般電気事業者に有利な制度という視点の課題感が払拭《ふっしょく》できていない。また、小売電気事業者の負担金が、当初の試算通りではなく調整により変動することで、電力事業の採算計画に影響が出ている。かつ、現実的に旧一電が需要家の料金メニューに容量拠出金を付加していないことで、新電力との料金格差を広げる結果となり、発電部門と小売部門の分離を促す議論をする必要があるのではないかと考える。

また、現時点では、再エネの設置において、現実的な規制のハードルが高くなっており、再エネ適地が少なくなっていることも事実である。何らかの思い切った政策を打ち出さないと、計画通り再エネを増やして供給力を確保していくことが困難になると想定される。

2024年から全ての商品が公募から市場調達になったが、その受け皿である需給調整市場においては、依然として応募量に対する応札量の少なさという問題が顕在化し、前述した通り、調達費用のうち、三次②の調達費用は、一部のエリアにおいては、すでに2023年度年間総額に相当する規模の費用が積み上がるという問題が発生している。

需給調整市場は、従来電力エリア毎に公募・調達していた調整力を、調達の効率化・コスト透明化を目的として、2021年に設立された経緯があるが、実態として調整力の提供は大手電力が寡占している状況である。

この大幅な不足状態に対しても、資源エネルギー庁サイドは、相対での調達や容量市場で落札された電源の調整機能を活用する「余力活用契約」により、調整力不足にはならないとの説明をしている。この観点では、そもそも市場創設の意味はあったのかということになる。

また、調整市場での応札不足は、２０２１年度に市場が開始された時点から発生しており、以前からの問題でもあるため、その対策を先延ばしにしたことについて、制度設計側として大いに反省が必要と考える次第である。

需給調整市場が本来の目的通り機能しないと、新規参入の事業者であるアグリゲーターや新電力会社の事業継続やＤＲ（デマンド・レスポンス）等の新たなサービスの拡大に対して貢献しないものとなり、最終的には電力システム改革の進展を鈍化させるものとなりかねない。

現在、電力卸市場と需給調整市場を統合し、kWhとΔkWを同時調達する同時市場への移行の検討が本格化しているが、現状を改善し、かつ、低圧リソースの活用等新たなサービス分野を創生する施策を実施したうえで、さらに将来的な同時市場を含めた議論を進めていただかないと、日本におけるカーボンニュートラル実現、ひいては業界の未来は開けないと考える次第である。

また、現在検討が進められている送配電ネットワークの強化を目的としたマスタープランも市場の設計と同様、問題を抱えている。

カーボンニュートラルを実現する前提での仮説に基づき、日本の現状を加味すると、オンサイトによる発電・自家消費が飛躍的に増加する想定でのマイルストーンを考えていく必要がある。

もちろん、これを実現するためには、大前提として、再エネ・蓄エネに関わるテクノロジーの進展による商用化および安定供給、サービスプレーヤーの増加による需要家の選択自由度の拡大が不可欠である。

オンサイトにおける分散型リソース活用が進み、大消費地における自家消費率が十分向上した時点で、そのエリアにおける送配電ネットワーク経由の電力供給は大幅に減少することになる等、遠隔エリアとの間のネットワーク強化について、どれだけの効果が本当にあるのかを、一度立ち止まって見極める必要があるのではないだろうか。

経産省開催の委員会のなかでは、すでに九州エリアは、対投資効果が乏しいとの試算結果により厳しい意見が出ている現状にある。その他のエリアも同様に、系統蓄電池のフル活用等別の施策によって出力抑制を最小化し、再エネを発電エリア内で最大限活用できるような検討を進めていただきたいところである。

4-3 カーボンニュートラルに貢献するテクノロジーの進化

日本における再エネの導入拡大においては、地政学的な要素やカーボンニュートラルにおける政策等を含めた現在地、あるいは、電力業界・制度、電力市場、需要家の意識改革等さまざまな観点からのソリューションが必要になると想定している。現実的に対応できると見通せるものからアクションしていくことも、カーボンニュートラル実現のための時間軸からすると重要になる。

その観点から、再エネを取り巻くテクノロジーの進化は、日本におけるカーボンニュートラル実現のための起爆剤になりうると考えている。今現在、将来に向けて数多くの開発・研究が進められているが、ここでは特に、次世代の太陽光発電であるペロブスカイトを中心に、次世代蓄電池にも触れることにする。

再エネ拡大の切り札として注目を集めているペロブスカイト太陽電池は、フィルム型で製造が簡単なうえ大量生産が可能で、より一層の低コストが実現できる。また、折り曲げやゆがみに強い、軽量化が可能といったメリットの他、一番のポイントは、原料であるヨウ素を日本国内で大量に確保できる点にある。日本の今後の再エネ政策の弱点を補うための有望な再エネとなりうる。

ペロブスカイト太陽電池の主原料であるヨウ素は、日本の生産量が世界シェアの約3割を占め、この数字はなんと世界第2位となる。ちなみに、生産量第1位はチリで、約6割を占める。その他の再エネと比較しても、サプライチェーンが地政学的に安定して確保できる点でリスクが小さくなり、安定供給が可能となる。

ペロブスカイト太陽電池の商用化に向けた課題としては、寿命が短く、耐久性に乏しい点や大面積化が難しい点がある。当初問題であった変換効率は、最近は改善され、既存の太陽光と同様のパフォーマンスを発揮できるようになっている。

軽量でフレキシブルな点で、ビルの壁面や耐荷重が小さい工場の屋根などにも設置が可能となり、建物全体を発電所化することもできる。オンサイトにおける創エネの飛躍的な増加を実現し、自家消費の向上に大きく寄与することが期待される。

本分野でも、グリーンイノベーション（GI）基金など、政策的な支援を含めた国産化を推進する動きもある。今までの再エネの製品に関わる戦いでは、日本はほぼ完敗に近く、同様の結果になる可能性は高いとの見方もある。

日本国内においては、ペロブスカイトの技術で先行している積水化学工業が、ビルの壁面や耐荷重の小さい屋根などへの設置が可能な、軽量で柔軟なフィルム型太陽電池を開発し、ドラムロールに印刷・塗布を行う製法で、耐久性10年相当、発電効率15％を実現し、製造を行っている。

導入の事例は少しずつ実証レベルで増加してきており、2024年5月には、東京都とその港湾施設での大規模なペロブスカイトの実証が開始された。また、2025年に全面開業するJR西日本における「うめきた新駅（大阪）」広場における設置や、2023年11月に公表された世界初の高層ビルの壁面に、1MW超の導入計画等、ユーザー企業との協業による事例が発表されている。

また、日本政府も、ペロブスカイト太陽電池の早期普及拡大に向けた量産化の国内製造サプライチェーンを構築することを目的として、GX経済移行債を活用した生産拠点整備のためのサプライチェーン構築支援を推進しようとしている。

2024年度予算案には、水電解装置、浮体式洋上風力発電設備などと併せて、ペロブスカイト太陽電池のサプライチェーン構築に向けて、令和6年度548億円、国庫債務負担行為を含め総額4212億円の「GXサプライチェーン構築支援事業」が計上されている。2024年5月度に公表された富士経済による新型・次世代太陽電池市場の調査結果では、ペロブスカイト太陽電池は、2020年代後半から本格的な量産が始まり、2040年の世界市場は2023年比で64・9倍の2兆4000億円と予測されている。

このペロブスカイトの分野は、近年は海外でも開発競争が激化しており、中国、イギリス、ポーランドなどで開発が急速に進められている。当然、中国をはじめとした海外企業では、2025年から2030年頃にかけてGW級の生産体制を構築する計画が増えており、各国で量産化に向けた動きも見られる。競争が激化する状況にあり、低コスト・大量生産が開始されるのは時間の問題である。

次に、再エネを捨てることなく100%使い切るために、また、分散型電源が増加することによる電力の安定供給の要《かなめ》の一つとなる蓄電地について、概観することにする。

本分野では、リチウムイオン電池が現時点では有力なソリューションとして世の中に広く展開されているが、コスト面ではまだまだ改善の余地があり、このコストの部分が解決しないと大きな意味での普及は厳しいと考える。また、本分野もすでに原料や製品の多くを握っている中国の存在といった地政学的リスクに晒されており、国産メーカーも世界での戦いで一部の企業が土俵に残っているものの、今後の技術開発やEVの進展等で、どのような方向に進むのか、注視をしている。

次世代の蓄電池としては、まだ実用化に至っていない全固体電池があるが、自動車メーカーを中心に多数の企業が投資しており、特にEV搭載に向けた開発競争が続いている。

富士経済の調査では、全固体電池の世界市場は２０２２年の60億円から２０４０年には３兆８６０５億円に急拡大すると予測している。

ペロブスカイトの新技術と同様に、全固体電池にも課題がある。リチウムイオン電池よりも電極と電解質の界面抵抗が大きいため、電池出力を上げにくい点、電極と電解質の密着性等が解決すべき事項として残っている。

国産としては、トヨタ自動車、パナソニックホールディングス、富士フイルムビジネスイノベーション、出光興産などが全固体電池の開発を開始しており、課題の解決と商用化に向けて、製造技術に関連する特許を取りながら進めている。

その他の次世代電池として最も実用化に近いとされるナトリウムイオン二次電池の技術も、中国で量産が始まっている。

ペロブスカイト太陽電池や次世代蓄電池は、地政学的なリスクを軽減し、かつ、再エネの消費として最も適している自家消費型利用を大きく推進する有力な技術であり、国産が市場で勝てるかどうかは、今後の日本におけるカーボンニュートラル推進に大なり小なり影響を与えることとなるであろう。

4-4

カーボンニュートラル時代の新サービス

カーボンニュートラル時代を迎えるための電力業界における新サービスについて、仮説をもとに、概観していくことにするが、その前に、最近よく聞くGX、SXという言葉の意味をここで整理しておきたい。

ここで使われている「X」には、「トランスフォーメーション」の意味があり、この数年では、DXという言葉もよく聞かれるようになった。Transformationとは「変形」「変質」「変容」という意味であり、TransformationのTransは交差するという意味もあるため、交差を1文字で表す「X」が用いられている。

かつて、ダーウィンも、「変化」を続けることによる結果、生き残ったものが世の中のメジャーとなるという生物世界での進化論を唱えているが、まさに、ビジネスの世界でも勝ち組になるために必要なものは「X」ということになる。

DX（デジタル・トランスフォーメーション）は、デジタル技術を活用してサービスやビジネスモデルを変革し、企業の競争力を高めることを指している。電力業界でもこのDXはレガシーな仕組みやサービスを変革する重要なソリューションとして位置付けられている。

一方、GX（グリーン・トランスフォーメーション）は、国や政府の方針のなかでも使われている用語で、環境保護の観点から化石燃料から太陽光発電や風力発電などの再エネへの転換を実現すると同時に、経済成長と社会改革を目指すことを指している。さらに、SX（サステナビリティ・トランスフォーメーション）は、その上位概念と捉えることができ、ESG（環境・社会・ガバナンス）の概念の下、持続可能性を確保しながら企業価値を高めることを目的としている。

GXは、カーボンニュートラル実現に向けた再エネへの変革に特化しており、環境に配慮した経済成長と社会改革を目指している。SXは、ESG経営を踏まえた広範な変革を目指しているため、GXの実現がSXの実践では必須となる。

カーボンニュートラルを目指しながら、同時に企業の成長を実現するために、DX、GX、SXは、相互に補完し合う不可欠な概念である。GXの達成のためには、DXはツールとして必須であり、GX達成の先で、SXの実現ができるようなイメージとなる。

電力業界におけるカーボンニュートラル実現のためのトランスフォーメーションを、電力サービスに関わるプレーヤーと電力サービスを活用する需要家の目線で、新たなサービスについて仮説を立ててみることにする。

日本における再エネの今後については、オンサイト・オフサイトにおける適地に限界を迎えるシナリオが考えられるが、そのハードルは、テクノロジーが時間軸とともに進化していくことで越えていけると考える。

もちろん、日本における制度設計や市場の仕組みが、より事業展開しやすくなる方向で変革されることが大前提である。既存・新規事業者や需要家の両方が儲かる仕組みが形成されることが重要であり、需要家を含めたプレーヤーが増え、切磋琢磨することが促進していくためのポイントとなるであろう。

ペロブスカイトや蓄電池のテクノロジーの進化は、オンサイトや消費地エリアでの再エネ発電量・蓄電量を飛躍的に増やす結果をもたらし、本来の再エネの最適な利用方法である自家消費、またはそのエリア内での消費を最大限増やしていくことにつながる。

これにより、再エネ発電の電気を捨てることなく、100％利用を実現し、電力供給サービスのベースを構築することができる。

送配電ネットワークのサービスも、現状のエリア内でのフラットなサービス提供のあり方の見直し、ローカル網の強化、マイクログリッドの拡大への対応など、現在考えられているマスタープラン等とは異なる方向性のサービスをより具体的に進めていくことも想定

図38　電力小売事業　エンハンスの方向性

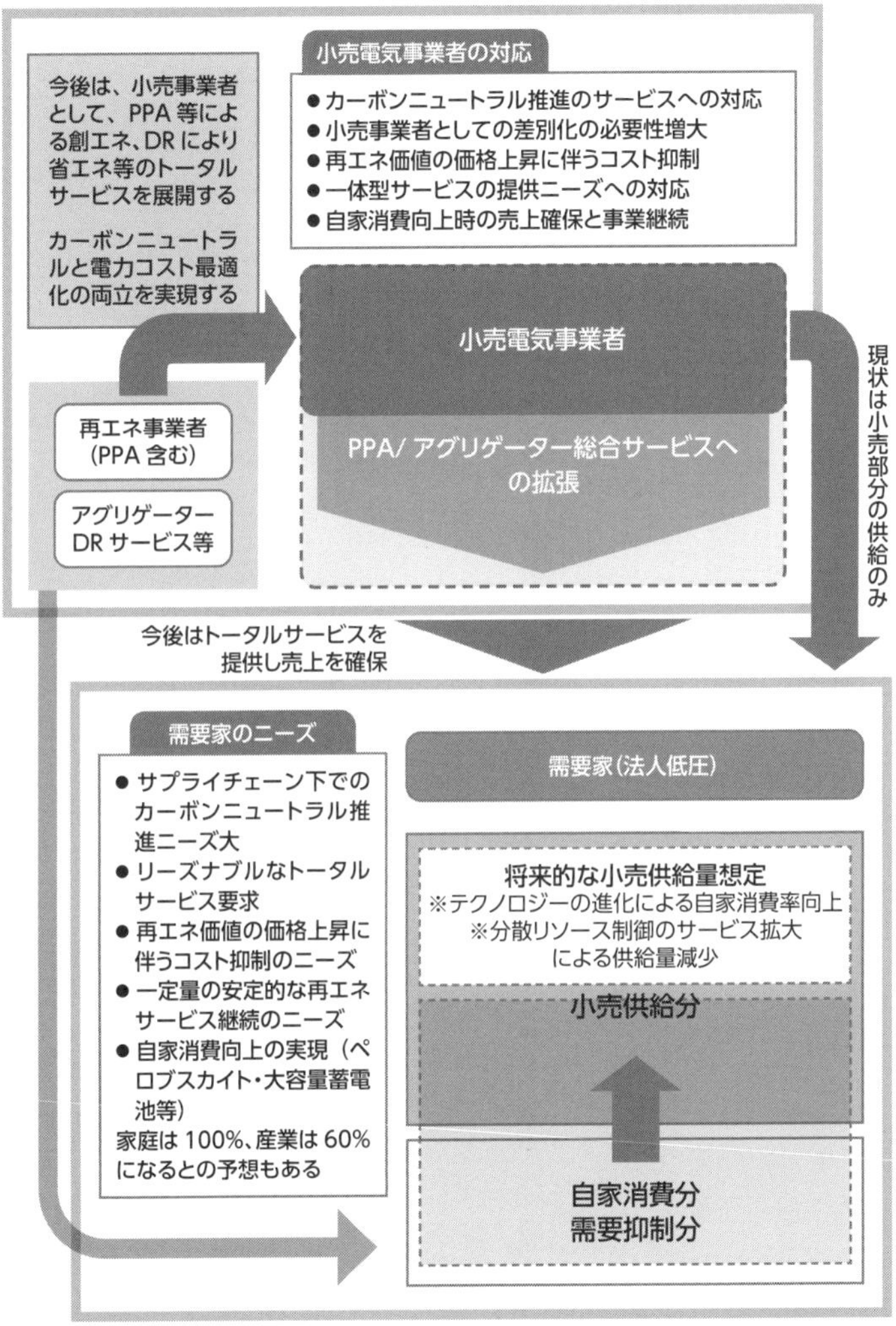

図39　再エネ事業の複合サービスの検討スキーム

事業PT	売電先・方法	事業収益機会	リスク 市場	天候	インバランス
①発電事業	小売事業者 アグリゲーター ※全量相対取引	☒	なし ※再エネ単価動向で影響	あり	なし
②発電事業 BG	小売事業者 アグリゲーター 市場	●	あり	あり	あり
③ PPA 事業 オンサイト	需要家	☒	なし	あり	なし
④ PPA 事業 オフサイト	需要家 小売事業者経由 エリア跨ぎは市場経由	☒	あり	あり	あり
⑤自己託送事業	需要家	☒	あり	あり	あり
⑥マイクログリッド	需要家	☒	なし	あり	なし
⑦発電事業+ AC	小売事業者 アグリゲーター 市場	●	あり	あり	あり
⑧発電事業+ 小売事業	小売事業者 アグリゲーター 市場 需要家	◎	あり	あり	あり
⑨発電事業+ 小売事業+ AC	小売事業者 アグリゲーター 市場 需要家	◎	あり	あり	あり

される。

発電事業者は、再エネ分散電源が飛躍的に増加することにより、分散型リソースサイドの事業プレーヤーとして、事業の方向性を再検討することも必要になる。

また、アグリゲーターは、飛躍的に増加した分散型リソースをフル活用した、新たなサービス展開をしていくことになる。

一方、需要家に電力供給を行ってきた小売電気事業者は、自家消費が大幅に増加するなかでは、売上が大きく減少することになり、事業継続のために、分散型リソースの提供サービスやそのリソースを活用するモデルを統合的にサービスすることを検討・実践しなくてはならなくなる。

また、需要家も今後はより一層保有して

図40　カーボンニュートラル時代の再エネ事業の出口戦略の考え方

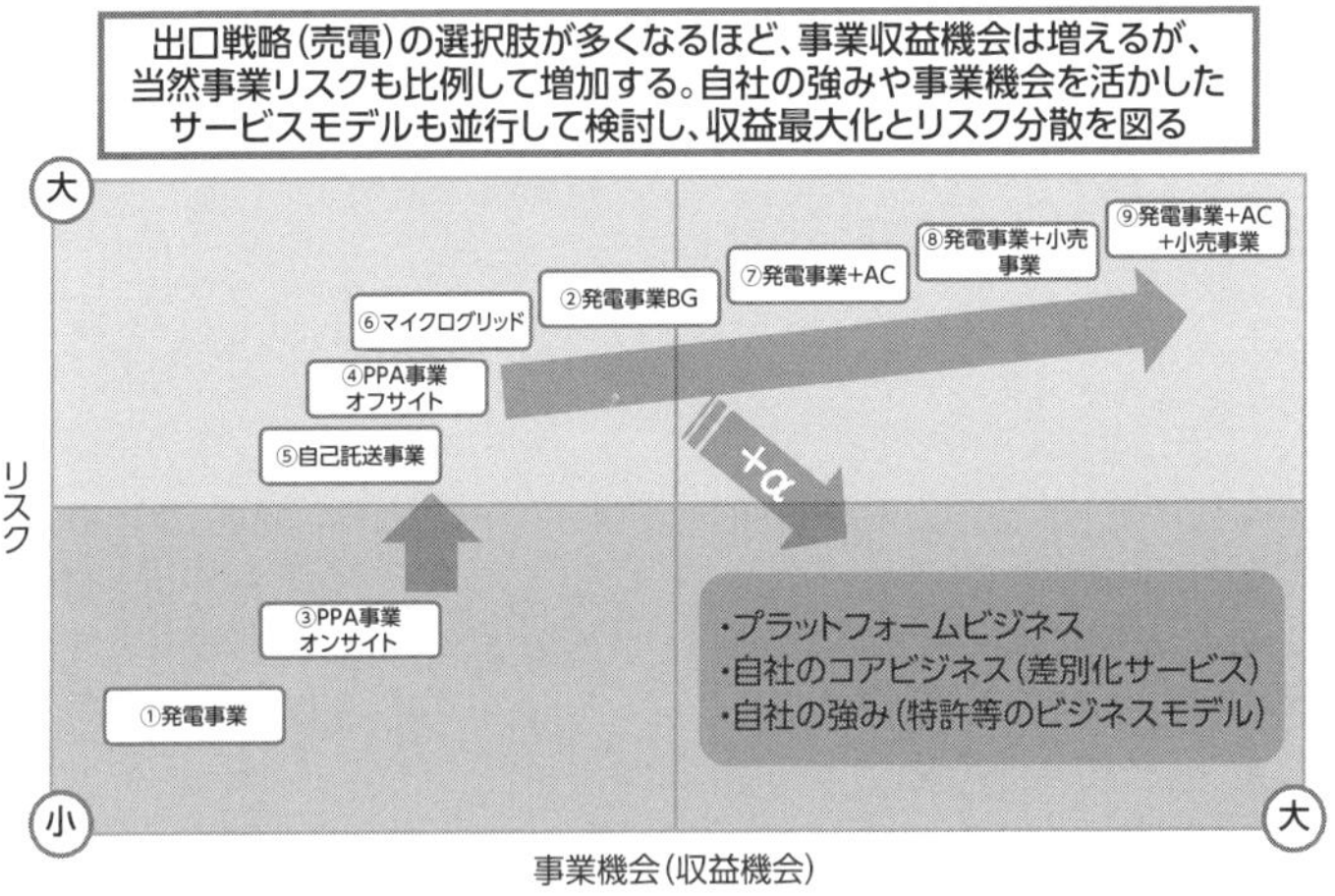

いる分散型リソースを活用し、マネタイズすることができるようになる。

日本において再エネのコストは、現実的にはその製品・ソリューションを海外に大きく依存しており、ペロブスカイトや次世代蓄電池の今後の方向性にもよるが、大きなトレンドとして、この方向性は変わらないと想定している。

結果、世界における再エネの需要動向と併せて、戦争等の有事の際は、地政学的リスクが大きくなり、再エネの導入・保守運用のコストのボラティリティが大きくなることも予想され、その際には、分散電源が増加した国内では、電力のコストが実質的に上昇していくことになる。

重要なことは、カーボンニュートラル時

代に向けて電力コストが上昇することを意識しながら、その現実に対応するソリューションを準備しておくことである。

需要家サイドも、現状では大企業が中心となりカーボンニュートラルを推進しているが、サプライチェーンにその圧力がかかることは必然であり、中堅以下の企業も事業継続をするためには、自ら推進していく必要がある。

日本においても、自動車産業を中心にその動きがあるが、海外の企業は猛烈なスピードでカーボンニュートラルを実現するようマイルストーンを策定している。

例えば、GAFAMの一角であるAppleは、2020年7月時点で、事業全体、製造サプライチェーン、製品ライフサイクルの全てを通じて、2030年までに気候への影響をネット・ゼロにすることを目指すと発表しており、取引先にもカーボンニュートラル化を促している。実際に、Appleの大手取引先である台湾電機大手の鴻海《ホンハイ》精密工業は、2024年4月時点で、2040年までにグループ全拠点の使用電力の100%を再エネ由来のグリーン電力で賄うとの目標を公表した。

家庭の需要家も、他人事ではなくなる時代がまもなく来る。それは、企業で働いている方々は特に、その収入の源泉である企業そのものの事業継続が危うくなるので、需要家サイドでもこの動きに協力するようなことも必要になる。

例えば、家庭で出た余剰の再エネ電力を適正なコストで企業に提供する、あるいは働き方改革で稼働時間を柔軟にシフトする等の協力である。

また、個人の需要家や中小企業の方々は特に、日本が置かれている電力サービスの現状に鑑み、電力の活用に関する意識改革をしていく必要がある。

日本の場合、激変緩和措置等により、この意識改革が逆行しているが、日本における電力コストは高くなることも前提において、カーボンニュートラルを実現するために、省エネや分散リソースの活用等何ができるかという観点を踏まえつつ、電力の使用を創意工夫していく必要がある。

電力の完全自由化以降、電力市場の高騰や容量市場への負担等を経験して、2023年以降、市場が落ち着きを取り戻し、法人は市場連動メニューへの移行が進んでおり、既存事業者は業容拡大の施策を打ち始めている。また、地域電力や再エネ事業者、あるいはカーボンニュートラルを目指す大企業が、小売電気事業やアグリゲーター事業へ参入するケースが増加している。

新規事業者の傾向としては、カーボンニュートラルの潮流のなかで、需要家にサービスを提供する、または、自らのカーボンニュートラルの推進をするために参入している、あるいは検討しているケースが多くなっている。

図41　カーボンニュートラルポータルサービス概要

サービスコンセプト

- PV+Sを導入する需要家は、CNへの意識が高いと想定する。
- 需要家の会社全体のCNを推進するための情報を集約したサービス提供を検討する。
- CN推進をするためのGHG見える化の情報をスタートラインとして、再エネ導入による自家消費や蓄電池導入によるピークカット・シフトの情報や各地点での電力使用情報を集約する。
- CNの計画を登録して、現状の進捗が確認でき、CN100%にする場合の方法やコストの情報が参照できるようにする。
- 再エネメニューの導入や非化石証書購入、PPA、再エネ導入についても、サービス・情報提供を行う。　➡再エネマーケットプレイス

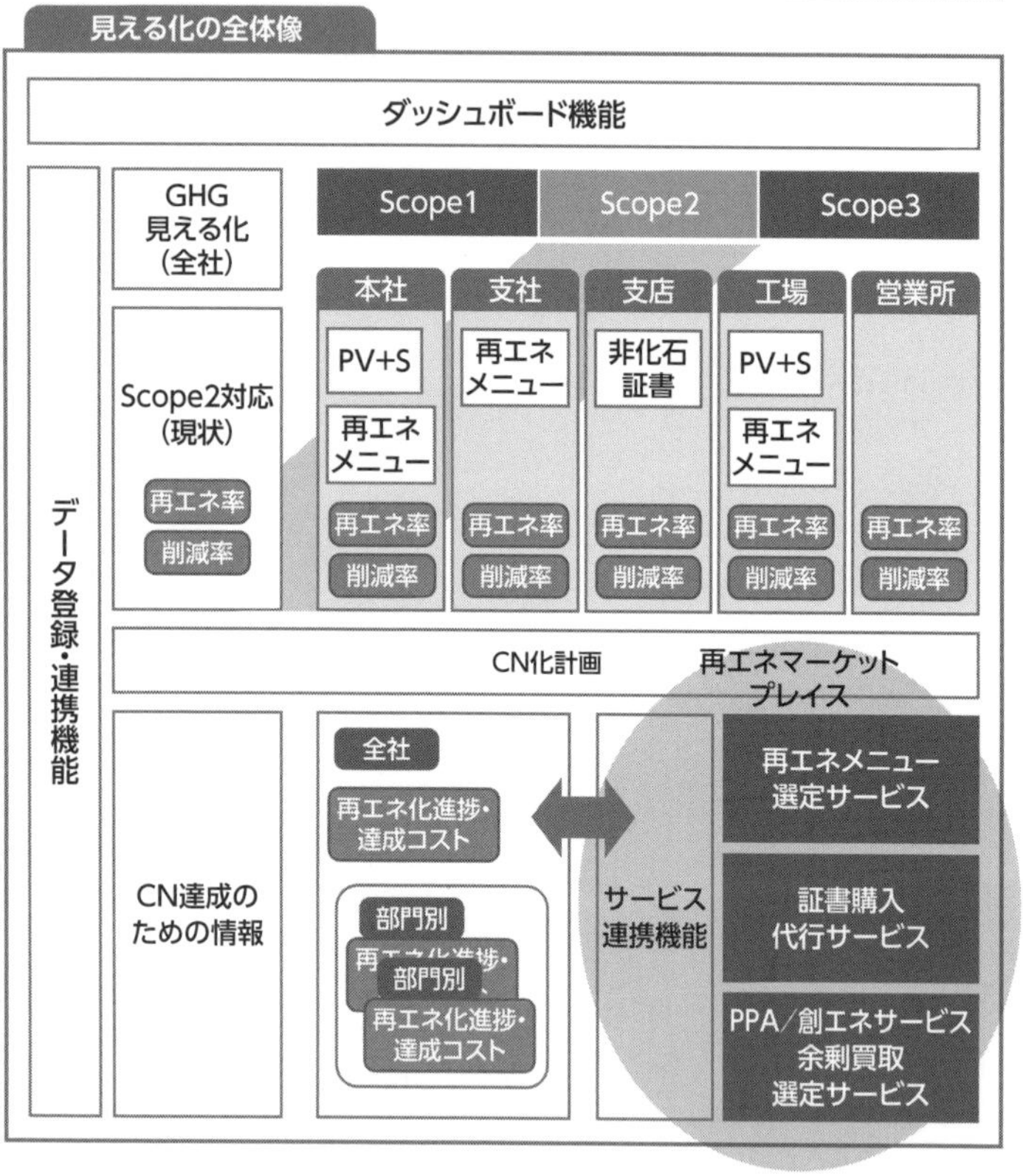

カーボンニュートラルを目指すモデルとしては、従来の参入方式とは異なり、ある意味で特徴のあるサービスを提供しようとしている点で評価ができ、事業継続の実現性も高く、今後も有望な方式であることは間違いない。

一方で、小売電気事業者サイドとしては、カーボンニュートラルに向けた時間軸のなかで、サービスモデルは変革していく必要があり、事業戦略の見直しや差別化サービスの検討・提供、そのサービスを支えるＤＸの実現等を行っていくことが、生き残り戦略として必須になっていく。

小売電気事業者を含むアグリゲーターや発電事業者（再エネ事業者を含む）は、リスクテイクをしてより大きなマネタイズができる方向に事業の舵を切っていくことになると想定しているが、この動きにおけるもう一つ目指すべきベクトルは、リスクが比較的低い領域での新たな事業展開である。例えば、新たな電力サービスをプラットフォーム化して提供する、あるいは、カーボンニュートラルを実現するための需要家・事業者参加型のポータルを提供することである。

このスキームにおいては、小売電気事業者、アグリゲーター、再エネ発電事業等兼業にて行うケースと、発展途上では協業スキームによる実現も考えられるが、本当の意味で需要家との共存モデルを実現するためには、同一事業者が一気通貫でサービスできることが

図42　再エネ事業のスキーム検討について（サービススコープ）

自社の事業機会・強み等に鑑み、サービススコープを定義し、システムプラットフォームサービスを検討する
今後の制度設計やテクノロジーの進化も睨みながら、サービスの参入時期や将来的なサービスの可能性を探る
プラットフォームビジネス等電力エネルギーとITのクロスビジネスは親和性が高く、先端技術事業者との協業を含め、新規参入者でもシェアを獲得できる可能性を持っている

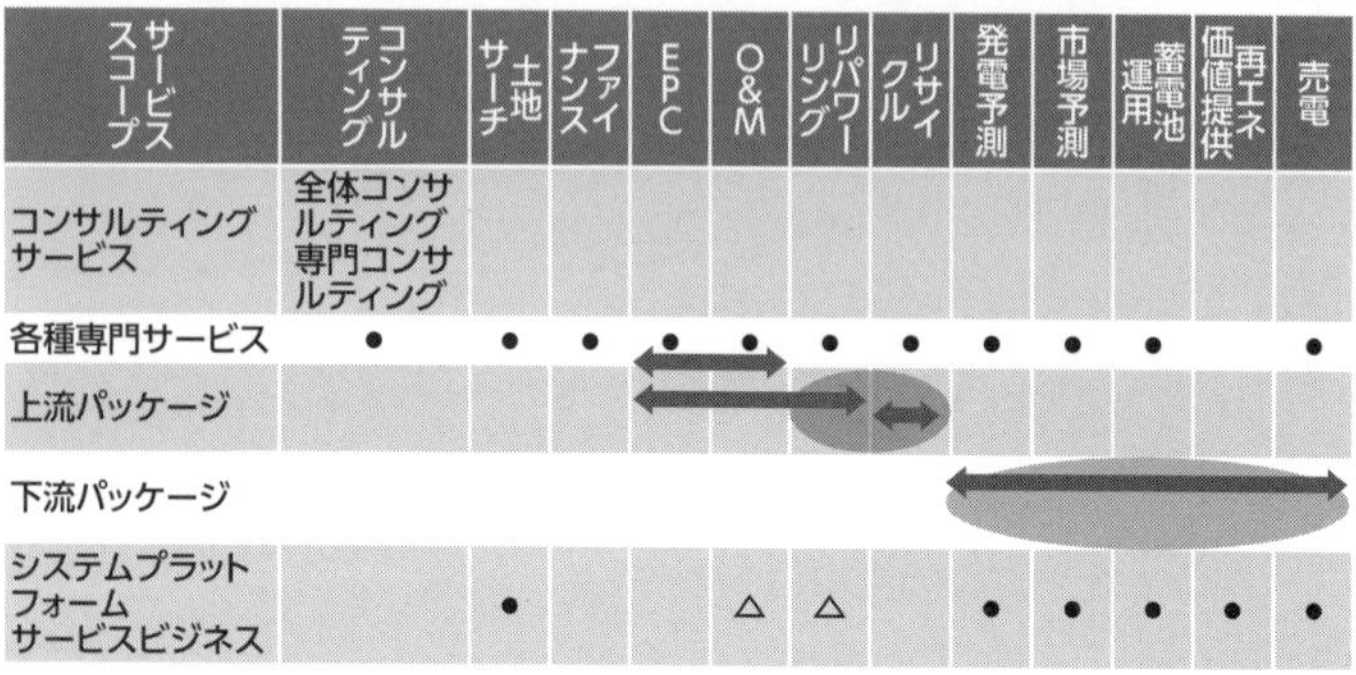

ベストであり、マネタイズの最大化の実現性、事業継続性も高くなると想定する。

カーボンニュートラル時代において、再エネを含めた分散型リソースのフル活用を実現するためには、小売電気事業者を中心に、事業・業務・システムの変革を行う必要がある。需給と収支およびリスクの統合コントロールをしながら、需要家に対してカーボンニュートラル推進を後押しするサービスを最適なコストで提供していくことが、事業継続の肝になる。また、事業継続ができないと、2050年までの長い時間軸のなかでカーボンニュートラルに貢献し続けることはできない。

そのためには、電力サービスを支える事業・業務を、DXにより再創造する必要が

図43　小売電気事業者のサービス拡張の方向性

小売事業者が、太陽光・蓄電池サービスを提供する際に、電力供給やEPC、O&M以外で差別化できるサービスを検討する。

小売事業者の進化

小売	アグリゲーター	拡張
● 電力供給メニュー ・日次料金計算とダイナミックプライシング ※ポータルへのレコメンド（消費予測） DRサービス ・再エネ購入+DRメニュー ※DR分を再エネ価値で還元 ・定額サービス 蓄電池コントロール前提 上昇率キャップ付き・毎年見直し ・充電レコメンドサービス EVセット販売 ・空調管理メニュー エアコンセット販売	● アグリゲーションサービス ・通常のDR、調整力取引、アービトラージ ・余剰買取+再エネ価値転売モデル 低圧リソースを束ねて企業に転売 ・低圧リソースの直接制御モデル 蓄電池・EV・エアコン・エコキュート等 ● プラットフォームビジネス ・業界共通で利用できるクラウドサービス提供	・自家消費最大化・電気代節約インセンティブサービス ・EV電力売電プラットフォーム ・EVリース・電力セットモデル ・PtoP電力流通プラットフォーム ・蓄電池・太陽光発電サブスクモデル ・再エネポイントビジネス ・再エネ価値付き調整力ビジネス インバランス抑制・同時市場市場取引 等々

再エネマーケットプレイス

・小売事業者のサービス差別化 ・再エネ増加に伴うエネルギー供給におけるリスク管理の必要性 ・分散電源の進展による小売時事業者のあり方 ・大手需要家のCN推進	・再エネベンダー・EPC事業者等業界からの進出拡大 ・低圧リソースの調整力活用 ・蓄電池導入の拡大（系統・産業・家庭）	・CNの進展 ・テクノロジーの進化（ストレージパリティ・ペロブスカイト等） ・自家消費率増大 ・EVの普及拡大、EVスタンド整備進展 ・系統機能強化・実質的再エネエリア間流通 ・同時市場の確立

図44　電力CISと取り巻く環境変化と次世代CISに必要な機能

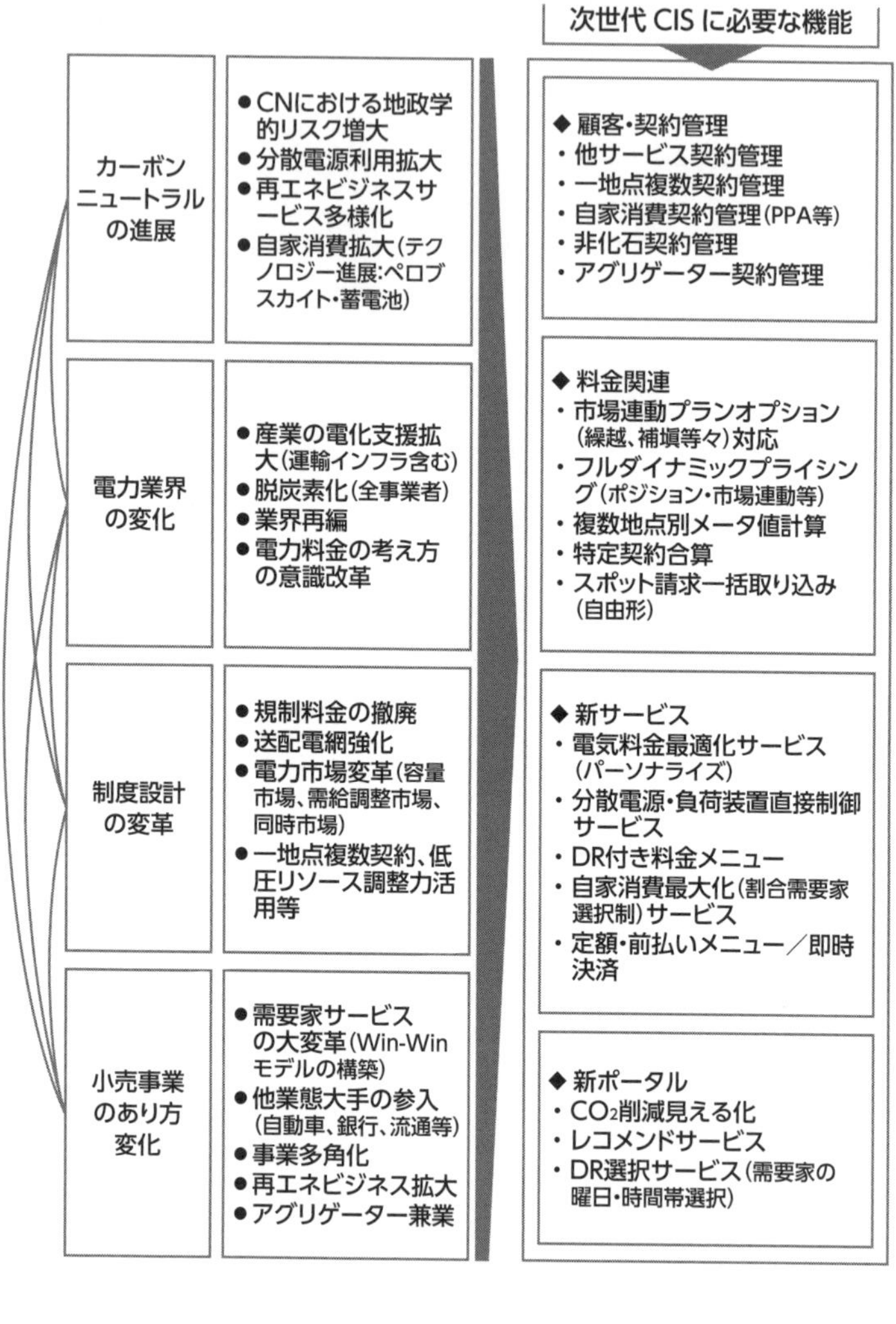

環境変化	内容	次世代CISに必要な機能
カーボンニュートラルの進展	● CNにおける地政学的リスク増大 ● 分散電源利用拡大 ● 再エネビジネスサービス多様化 ● 自家消費拡大(テクノロジー進展:ペロブスカイト・蓄電池)	◆ 顧客・契約管理 ・他サービス契約管理 ・一地点複数契約管理 ・自家消費契約管理(PPA等) ・非化石契約管理 ・アグリゲーター契約管理
電力業界の変化	● 産業の電化支援拡大(運輸インフラ含む) ● 脱炭素化(全事業者) ● 業界再編 ● 電力料金の考え方の意識改革	◆ 料金関連 ・市場連動プランオプション(繰越、補填等々)対応 ・フルダイナミックプライシング(ポジション・市場連動等) ・複数地点別メータ値計算 ・特定契約合算 ・スポット請求一括取り込み(自由形)
制度設計の変革	● 規制料金の撤廃 ● 送配電網強化 ● 電力市場変革(容量市場、需給調整市場、同時市場) ● 一地点複数契約、低圧リソース調整力活用等	◆ 新サービス ・電気料金最適化サービス(パーソナライズ) ・分散電源・負荷装置直接制御サービス ・DR付き料金メニュー ・自家消費最大化(割合需要家選択制)サービス ・定額・前払いメニュー／即時決済
小売事業のあり方変化	● 需要家サービスの大変革(Win-Winモデルの構築) ● 他業態大手の参入(自動車、銀行、流通等) ● 事業多角化 ● 再エネビジネス拡大 ● アグリゲーター兼業	◆ 新ポータル ・CO_2削減見える化 ・レコメンドサービス ・DR選択サービス(需要家の曜日・時間帯選択)

あり、ＤＸを支える電力オペレーティングシステムを構築する必要がある。

つまり、小売電気事業者と需要家が一体となって、電力サービスを組成し、カーボンニュートラルの実現と電力コストを最適化するようなモデルが必要になってくると想定している。そのために、電力サービスを支える次世代のシステムが必要であり、今後サービスを実践するためにそのオペレーティングシステムを実現しなければならない。

次世代のＯＳは、電力コストや分散型リソースのコントロールと電力提供サービスについて一体型で動くものであり、従来バラバラの仕組みをタイトカップリングした仕組みである必要があり、従来の**電力ＣＩＳ**※4-2、需給管理、収支管理、リスク管理等が密にデータ連携を行うことで、新たなサービスを創生できるものとなる。

例えば、単なる市場連動メニューの提供ではなく、事業者のリアルポジションを参照したダイナミックプライシングサービスをベースに、実践的なＤＲサービスである分散型リソースと直接制御を組み合わせたような電力コスト最適化サービスである。このサービスの実現をベースにしたうえで、電力小売事業のキャッシュフロー改善を実現する銀行法に

※4-2 電力ＣＩＳ（Customer Information System）
電力小売業務における顧客・契約管理、料金計算・請求、ポータルの提供を司るシステムであり、一部の事業者を除き、多くの事業者はクラウドサービス等ベンダー提供の仕組みを利用している。

基づいた、ノーリスクのデジタル通貨を活用した即時決済サービス等の組み合わせも考えられる。さらに、定額サービス・前払いサービス等のディスラプティブなメニューの提供や、今後参入が想定される未参入の産業に属する事業者が提供する、その他のサービスとの柔軟な組み合わせ商品が提供できる可能性が出てくる。

また、分散型リソースの直接制御では、例えば蓄電池に溜めている電力が太陽光のものであれば、需要家サイドのリソースをアグリゲートしたうえで、再エネ由来の調整力の価値を持つものとして、事業者や別の需要家に提供するといったことも考えられる。

カーボンニュートラル時代に向けた新たなサービスは、現時点で兆候こそあるが、画期的なサービスは生まれていない。そのハードルとなっている制度や業界、再エネの製品技術等の制約は今後改善される方向になるであろうし、そうならないと日本は世界的に見て相当厳しいポジションに追いやられることになる。

カーボンニュートラル自体がそうであるように、新たなサービスも時間をかけてよりよいものになると想定しているが、2030年や2050年に向けた動きということで、今から何もしない場合は、おそらく実現することは不可能であろう。

現状で想定できる仮説をもとに、時間軸を考慮し、そのタイミングでどのようなサービスを仕掛けていくのか、また、最終的に描くサービスはどのようなものかを検討し、次世

図45　次世代CISの主要要件概要図

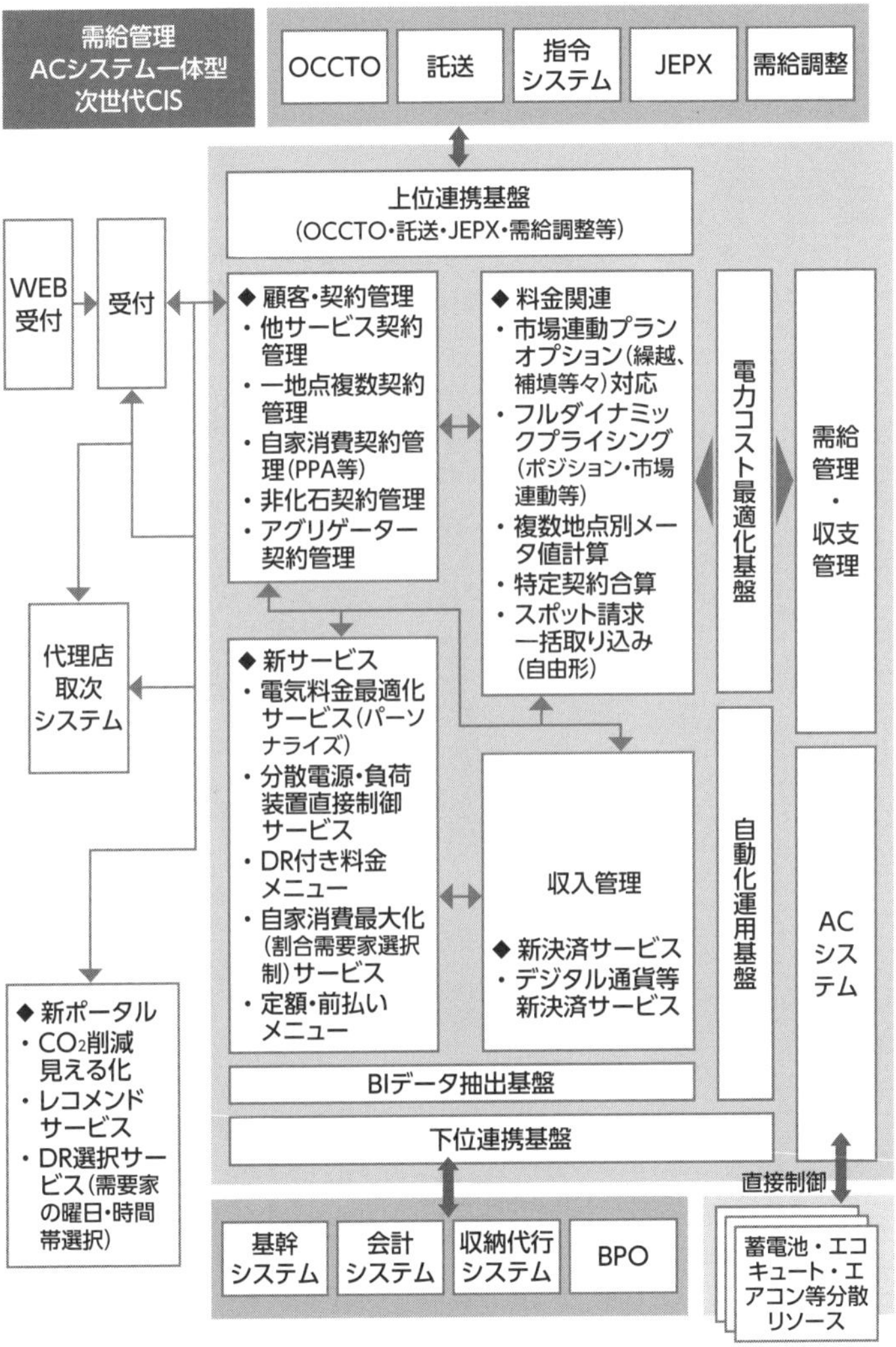
需給管理
ACシステム一体型
次世代CIS
OCCTO
託送
指令
システム
JEPX
需給調整
上位連携基盤
（OCCTO・託送・JEPX・需給調整等）
WEB
受付
受付
◆ 顧客・契約管理
・他サービス契約管理
・一地点複数契約管理
・自家消費契約管理（PPA等）
・非化石契約管理
・アグリゲーター契約管理
◆ 料金関連
・市場連動プランオプション（繰越、補填等々）対応
・フルダイナミックプライシング（ポジション・市場連動等）
・複数地点別メータ値計算
・特定契約合算
・スポット請求一括取り込み（自由形）
電力コスト最適化基盤
需給管理・収支管理
代理店
取次
システム
◆ 新サービス
・電気料金最適化サービス（パーソナライズ）
・分散電源・負荷装置直接制御サービス
・DR付き料金メニュー
・自家消費最大化（割合需要家選択制）サービス
・定額・前払いメニュー
収入管理
◆ 新決済サービス
・デジタル通貨等新決済サービス
自動化運用基盤
AC
システム
◆ 新ポータル
・CO2削減見える化
・レコメンドサービス
・DR選択サービス（需要家の曜日・時間帯選択）
BIデータ抽出基盤
下位連携基盤
直接制御
基幹
システム
会計
システム
収納代行
システム
BPO
蓄電池・エコキュート・エアコン等分散リソース

代の電力サービスシステムをすぐに開始していくべきであり、そうした動きは決して早くはないと考えている。

本サービスを実現するためには、ＤＸが必要であり、業界をディスラプトする電力サービスシステムは、プラットフォーム化することを含め、現時点から構想していくべきであろう。カーボンニュートラルの加速フェーズでは、この新たな仕組みがより大きな効果を業界にもたらすことになり、カーボンニュートラル時代の電力業界の発展のために貢献することになると想定している。

おわりに

カーボンニュートラル時代に向けて、世界がどのように動いているか、また日本がどのように追随するか、そして電力というサービスにおいて、業界・制度の動きがどのようになっているのかを概観してきた。

2016年4月に、欧米から後れて実現された電力の小売全面自由化から9年弱が経過し、カーボンニュートラルの動きはさまざまな形で電力に携わる全ての事業者に影響を与えている。

カーボンニュートラルを目指す需要家に対して、電力やサービスを供給する小売電気事業者や、アグリゲーターや、再エネ事業者等の周辺のサービサーにとって、今一度戦略を立て直す時期に来ており、需要家の意識改革を含む電力サービスのあり方を大きく変革していく必要に迫られている。

再エネを含めた分散型リソースが今後劇的に増加していくなかで、小売電気事業者をはじめとする電力関連サービスは、電力の自由化以降も実質的に継続されたある意味でレガシーな考え方と決別し、ディスラプターとしてのサービスを展開していくことが、生き残り戦略として求められている。

もちろん、事業者サイドの要望としては、事業継続のために、制度設計等についても画期的に改善をしてもらいたいところである。

最終的な勝ち組になるためには、カーボンニュートラル時代の電力サービスのDX、GX、SXが必要であり、バックボーンとして、再エネのテクノロジー進化や、AI、IoT等新技術への適用と事業への取り込みが必須であることは間違いない。

DXを実現するディスラプターとして、需要家にコスト・エクスペリエンス、プラットフォームとしてのバリューを提供するプレーヤーに進化するために、事業サービスを支えるシステムを進化させる必要がある。拙著『エネルギー自由化　勝者のIT戦略』でも解説したようなコアなシステムは、エネルギーOS（オペレーティングシステム）として、確立する必要がある。

前著『エネルギー自由化第二ステージ　賢者のトランスフォーメーション戦略』で書いたように、電力事業者としての次なるステージのサービス、例えば、需給マネジメントをベースとした需要家サービスのレコメンドやデマンド・レスポンスサービスを、アグリゲーターや再エネサービス提供者として複合的に展開することが重要になる。また、この実現によりカーボンニュートラル時代のビジネスを支えるプラットフォーマーとして、生きる道も開かれるであろう。

日本においても猛暑や豪雨による災害が増えており、異常気象、災害の激甚化、食物環境の異変等々早急に対策を打つべきことが多発しているなかで、私は今主戦場としてビジネスをさせていただいている電力業界における今後の事業者のあり方や需要家サービスのあり方に思いを巡らせている。

企業のカーボンニュートラルや地域脱炭素の実現は、今、世界で起こっていることへの解であり、家庭を含めた需要家とサービスを提供する事業者が、相互にメリットを享受しながら推進していく必要がある。

電力自由化における制度設計を含めた変革の動きはまだ途上であり、カーボンニュートラルへの道のりはまだまだ遠いと考えている。日本が先進国として世界でさまざまな貢献をしていくために、カーボンニュートラルの実現と再エネを含めた電力というエネルギー供給の安定化は非常に重要である。

カーボンニュートラルが日本でも達成され、電力というエネルギーサービスが進化する過程において、事業者の皆様や事業者を支援するサービサー、需要家におけるコストを含めた電力の最適な活用の分野において、これからの時代を生きていく子供や孫の世代が少しでもよくなるように、力の続く限りこの業界での事業支援をしていきたいと思っている。可能であれば、2050年においてもプレーヤーとして、カーボンニュートラル実現後の景色を見たいと思う次第である。

最後に、一昨年に生まれてきてくれた孫、仕事を理解してくれている家族、天国から見守ってくれている母と今年5月に他界した本好きの父に、また、エネルギー業界で長年支えてくれている仲間・パートナーの皆様、いつも情報交換・ビジネスをしていただける事業者の皆様、企画や原稿の相談に快く乗っていただけるPHPエディターズ・グループの髙橋様に心から感謝を申し上げ、締めくくりとする。

2024年11月2日

平松　昌

《著者紹介》
平松　昌（ひらまつ　まさる）
エネルギービジネスコンサルタント
1962年11月生まれ。関西学院大学卒業、経済学士。外資系コンピュータベンダーやベンチャー事業支援、大手電力情報子会社を経て、エネルギービジネスコンサルタントとして活動中。30年間のＩＴ業界およびＩＴコスト削減支援のノウハウ、エネルギー自由化における数多くの事業やＩＴ支援のノウハウを活かし、エネルギービジネス全般でのビジネスモデル立案や事業改善、事業支援・業務支援・システム導入支援、地域電力特化支援等を展開中。また、カーボンニュートラル推進の再エネ事業立ち上げ支援や需要家の支援の領域にも事業を拡大。既存事業者・新規参入の事業者における事業支援、業務・ＩＴ支援のプロジェクトは100社以上を実施。著書に、『ＩＴを買うその前に』（東京図書出版）、『エネルギー自由化 勝者のＩＴ戦略』『エネルギー自由化第二ステージ 賢者のトランスフォーメーション戦略』（PHP エディターズ・グループ）がある。
小売電気アドバイザー（登録番号 1805003）、ペロブスカイト太陽電池アドバイザー（登録番号 231129022）、ＩＴコーディネーター。
BlueOceanCreativePartners 株式会社　代表取締役ＣＥＯ。
E-mail：info@blueocean-p.co.jp

装幀　佐々木博則
装幀写真　NASA
図版　桜井勝志

次世代エネルギー時代を生き抜く
覇者のカーボンニュートラル戦略

2024年11月30日　第１版第１刷発行

著　者　　平松　昌

発　行　　株式会社ＰＨＰエディターズ・グループ
〒135-0061　東京都江東区豊洲5-6-52
☎03-6204-2931
https://www.peg.co.jp/

印　刷
製　本　　シナノ印刷株式会社

ISBN978-4-910739-62-5